삶이 보랏빛으로
다가올 때

삶이 보랏빛으로 다가올 때

나로부터 시작해 나를 향해 떠나는 여정

초 판 1쇄 2025년 10월 01일

지은이 스텔라
펴낸이 류종렬

펴낸곳 미다스북스
본부장 임종익
편집장 이다경, 김가영
디자인 윤가희, 임인영
책임진행 김은진, 이예나, 김요섭, 안채원

등록 2001년 3월 21일 제2001-000040호
주소 서울시 마포구 양화로 133 서교타워 711호
전화 02) 322-7802~3
팩스 02) 6007-1845
블로그 http://blog.naver.com/midasbooks
전자주소 midasbooks@hanmail.net
페이스북 https://www.facebook.com/midasbooks425
인스타그램 https://www.instagram.com/midasbooks

ⓒ 스텔라, 미다스북스 2025, *Printed in Korea.*

ISBN 979-11-7355-512-1 03190

값 17,000원

※ 파본은 구입하신 서점에서 교환해드립니다.
※ 이 책에 실린 모든 콘텐츠는 미다스북스가 저작권자와의 계약에 따라 발행한 것이므로 인용하시거나 참고하실 경우 반드시 본사의 허락을 받으셔야 합니다.

미다스북스는 다음세대에게 필요한 지혜와 교양을 생각합니다.

삶이 보랏빛으로
다가올 때

나로부터 시작해
나를 향해 떠나는
　　　　여정

스텔라 지음

미다스북스

──── 프롤로그

  저는 학창 시절부터 '나는 누구인가?'에 대해 생각해 왔습니다. 그 답을 얻는 것이 저한테는 학교 공부보다 더 중요한 일이었던 것 같습니다. 오랜 시간이 지나 이제야 그 답을 만났기에 더 많은 분들이 제가 해 왔던 수많은 삽질과 시간 낭비 대신 하루빨리 자신의 삶을 온전히 즐길 수 있기를 바라는 마음에 이 책을 쓰게 됐습니다.

  마음을 뒤흔드는 어려운 일들이 있을 때마다 책의 도움을 받아왔기에 여러분들에게도 이 방법이 통하기를 진심으로 바랍니다.

  만약 당신이 길을 잃고 어떤 증표를 찾고 있다면, 저는 지금이 세상 소음 속에서 당신 영혼의 소리를 들어야 할 때라는 걸 말해 주고 싶습니다. 당신의 영혼은 당신이 지금 결단을 내려야 한다는 것을 말하고 있습니다. 당신도 알고 있습니다. 더 이상 지체해서는 안 된다는 것을, 이제는 선택해야 할 때라는 것을 말입니다. 사랑을 선택해 살아갈 것인지 아니면 불안과 두려움 속에서 하루하루를 연명하면서 살아갈 것인지!

당신은 당신이 생각한 것보다 더 위대한 힘을 갖고 있는 존재입니다.

이대로도 충분합니다. 자신을 믿으세요.

당신의 인생 여정을 열렬히 응원합니다.

―――― 목차

프롤로그　004

제1장　과거로부터 영향을 받는 나

나는 왜 이곳에 있는가?　　　　　　　　　　　　011
습득된 관념은 경험을 통해 바뀔 수 있다　　　　016
지금의 결과는 다음 결과의 시작　　　　　　　　021
계속 나아가기(Keep going)　　　　　　　　　　024
자기 결단력　　　　　　　　　　　　　　　　　　029
모두 자신의 세계에서 전쟁을 치르고 있다　　　　032
누구나 자가 치유력이 있다　　　　　　　　　　　035

제2장　생각을 경험하는 나

현실 세계는 생각이 반영된 세계　　　　　　　　039
의도적으로 생각하라　　　　　　　　　　　　　　042
의지 문제가 아니다　　　　　　　　　　　　　　044

실수는 인정하면 그만, So What?	047
겁나게 대단한 존재	050
욕망을 아끼지 마라	052
필요한 건 2% 삶의 기술, 자기 이미지	059
불안감	063
느끼는 게 중요하다	065
사랑으로부터 시작된 꿈	072

제3장　해석하는 나

절대적 애정의 힘	077
자신의 존재 인정	079
그냥 해 보자	083
존재 자체가 의미다	086
보이는 세계와 보이지 않는 세계	088
지금, 이 순간의 선택	096
착각도 생각의 형태	100

제4장　이야기하는 나

나는 무엇인가?	105
사서까지 고생할 필요는 없다	108

지배적 감정, 두려움의 사용법	111
당신이 답이다	116

제5장   지금 여기에 그리고 나

"Mind is Mental"	123
상상에서 현실로, 현실화시키기	124
경험을 통한 앎	127
풍요 속의 나	131
존재감을 느끼는 나	135
당신 것을 찾아라	138
사랑 자리	141
초인적인 힘을 발휘하기 위해	143
용서는 용기와 함께	148
당연한 건 없다	151
시력보다 중요한 건 안목	153
지금이 기적의 순간	156

에필로그   162

제1장

과거로부터 영향을 받는 나

내 속에서 솟아 나오려는 것,
바로 그것을 나는 살아 보려고 했다.
그러기가 왜 그토록 어려웠을까?
[『데미안』, 헤르만 헤세]

나는 왜 이곳에 있는가?

 나는 성북동 집에서 생활하는 게 얼마나 좋은 건지 가늠조차 할 수 없을 정도로 평화롭게 지내고 있었다. 주위가 가난한 환경에 둘러싸여 있으면 자신이 가난한 것을 감지할 수 없듯 부유한 삶도 마찬가지다. 옆집에는 모델 이모가 살고 있었고 동네에 많은 외국 대사 관저가 자리 잡고 있었다. 나는 친구랑 놀면서 그렇게 마냥 즐거운 삶이 쭉 계속되는 줄 알았다.
 우리 집에는 나무들과 꽃들이 많았다. 그중에서 나는 목련 나무를 좋아했다. 목련 나뭇잎이 떨어지면 오래된 바나나 껍질처럼 변했지만 하얗고 하늘하늘 청순한 모습과 상반된 누추한 모습에 더 매력을 느꼈던 것 같다. 엄마는 꽃꽂이

하거나 정원에 채송화를 심고 다른 식물들을 손질하느라 분주하셨지만, 얼굴에 비치는 모습은 편안해 보였다.

우리 가족의 평화로운 삶에 균열이 언제부터 그리고 어디서부터 시작됐는지 알 수 없지만, 어느 날 갑자기 나의 세계는 사라져 버려서 상황 판단을 전혀 할 수가 없었다. 하루아침에 우리 가족은 소위 말하는 달동네로 이사를 가게 됐다. 너무 갑작스러워서 어떤 것도 제대로 준비할 수가 없었다. 성북동 집에서 쓰던 가구들을 가져가지 못한 것보다 우리 집 나무와 강아지들을 데려가지 못한 게 더 슬펐다. 그날의 기억은 아직도 내 몸속에 하나의 흔적으로 남아 있다.

그곳은 좋은 추억이 가득한 곳이자 나에게는 신비로운 장소이기도 했다. 내 방 벽지는 하늘색 바탕에 구름 무늬가 새겨져 있어, 누워서 천장을 바라보며 공상을 즐기곤 했다. 온화한 빛, 따뜻한 온기, 쾌적한 향기가 어우러진 그곳의 추억들은 모두 몽실몽실하다. 주말이면 아빠 회사 직원들과 친척들이 자주 방문해 집안은 늘 시끌벅적했다. 그런 소음은 흥에 겨워서 언제나 반가웠다. 아빠가 자주 종합 선물 세트를 사 왔는데, 나는 그 안에 무엇이 들어 있을지 상상하며 아빠를 기다리는 시간을 즐겼다.

무엇보다 그곳에선 그냥 근심 걱정 없이 지낼 수 있다는 점이 가장 좋았다. 저녁에 집에 들어오시는 아빠와 함께 레슬링하거나, 엄마와 함께 오빠가 학교에서 돌아오길 기다리는 시간들. 옆집 친구, 돼지랑 뛰어노는 게 마냥 좋았다. 우리 집은 지대가 높은 곳에 있어서 창밖을 내다보면 누가 오는지 멀리서도 알아볼 수 있었다. 엄마한테 오빠가 오면 알려 주겠다고 하면서, 오지도 않은 오빠가 오고 있다고 거짓말하며 엄마를 놀리는 것도 재미났었다. 아직도 내 머릿속에는 그 시절이 아름다운 장면으로 박제되어 있다.

나는 우리 집뿐만 아니라 동네 자체를 무지 좋아했다. 아침 일찍 약수터에 가면 안개가 거둬지는 끝자락에 공작새와 꿩이 있었다. 이 세상에서 나와 그들만 있는 그런 느낌, 너무나 신비스럽고 비현실적인 분위기가 어떨 때는 기묘하게 느껴졌지만, 그런 신비체험을 즐겼던 것 같다.

성북동 우리 집을 떠나고서 나는 다른 곳에서는 안식처라고 느낄 수가 없었다. 이사를 하고 난 뒤, 4년 동안 1시간을 걸어서 새벽 기도를 하러 성당에 갔었다. 나는 기도하고 기도했다. 몇 년을 기도했지만, 그곳에는 침묵만이 있었을 뿐, 내가 간청하는 기도에 대한 응답을 받지 못했다.

내가 믿는 신을 도무지 이해할 수 없었다.

God is no enemy to you. Wholeness has no form because it is unlimited. [『A Course in Miracles』, Helen Schucman]

이것을 내 머리에서 마음으로 받아들이기까지 시간이 꽤 걸렸다.

그때 나는 너무 여리고 어렸다. 누군가의 관심과 보살핌이 필요한 어린아이였다. 그 당시의 나는 불안해서 힘들었다고 생각했는데 너무 힘이 없는 존재였기 때문에 불안했을지도 모르겠다는 생각이 든다. 나는 가난의 혹독하고 처절함을 엄마의 고군분투하는 모습에서 느낄 수 있었다. 가난과 기침은 숨길 수가 없듯 엄마는 티를 내지 않으려 부단히도 노력하셨으나 엄마의 바람막이는 너무 얇아서 애잔했다. 그 형체도 불분명한 것, 무엇에 불안한지 모른 채 불안했다. 불확실한 것이어서 더 공포스러웠다.

이사하고 난 뒤 엄마의 고단한 삶을 지켜보면서 나는 조용하고 말썽 피우지 않는, 그냥 그냥 존재감이 없는 모습으로 성장하고 있었다. 내 것을 주장하지 못하고 양보하고 빼

앗기는 경우가 잦았다. 사 달라고 요구하지 못하고 어느새 내가 먼저 다음에 사달라고 말하는 그런 아이가 돼 있었다. (아이는 아이처럼 자라야 한다. 그렇지 않으면, 성인이 돼서도 몸만 커 버린 부자연스러운 아이의 모습으로 나이만 들 수 있다.)

나는 청소년기가 지나서야 자신을 위해서 싸우는 것도 필요하다는 걸 알게 됐다. 나를 지키지 못하면, 사랑하는 사람을 지킬 수 없을 것 같다는 찰나의 생각이 나를 움직였다. 조용히 웅크리고 지냈던 나는 그 이후로 내 주장을 하기 시작했다.

습득된 관념은 경험을 통해 바뀔 수 있다

 대학에 들어와서도 우리 집 형편으로 유학은 꿈도 꿀 수 없었지만, 여름방학 때마다 일을 한다면, '나도 배낭여행을 갈 수는 있지 않을까'라고 막연하게 생각했다. 그때 대학생들의 배낭여행이 막 붐이 되기 시작할 때였다. 처음에는 나도 남들처럼 유럽 여행을 계획했다. 그러다 영어학원 게시판에서 우연히 뉴질랜드 여행 공고를 보게 돼, 혼자 뉴질랜드로 떠났다. 나는 대담하거나 국내 여행조차 즐겼던 사람이 아니었는데, 어떻게 혼자서 해외여행을 갈 생각을 했는지 지금 생각해 봐도 그때의 내가 신통방통하다. 참말로 기특하기까지 하다. 혼자 떠난 여행이었지만, 운 좋게 그곳에서 여행 온 한국 분들과 현지에 살고 있는 일본인들을 만나서 정말 좋은 시간을 보냈다.

　내 기억으로 뉴질랜드는 매우 아름답고 자연 친화적인 곳이었다. 자연스럽게 자연 본연의 모습으로 보존한다는 게 그곳의 매력인 만큼 이를 이용해 수익을 창출할 만한 곳이다. 골프랑 낚시를 즐기는 사람에게는 그곳이야말로 지상낙원이다. 새벽 공기는 어쩜 그렇게 자연 친화적인지. 말똥인지 소똥 냄새를 맡으면서 안개를 거쳐 조깅하는 것도 신선한 경험이어서 좋았다. 그러나 광란의 밤을 즐기고 싶은 젊은이들에게는 좀 심심한 곳이었다. 그 당시 모든 상점은 오후 5시 이후에 문을 닫아서 밤늦게 영업하는 곳은 카지노밖에 없었다.

　시내 구경을 끝마치고 와인 숍이 문 닫기 전에 와인을 구매해 숙소로 돌아와야만 했다. 어떤 이는 낮에 잡아 온 물고기를 나누고 또 누군가는 요리를 했다. 삼삼오오 모여서 수다 떨면서 포도주와 음식을 나누는 동안 달달하게 올라온 취기가 그 공간의 분위기를 완벽하게 만들었다. 공용 부엌에서 다른 나라 사람들과 시시콜콜하게 수다 떠는 것 자체가 너무 생경해서 더 즐거웠다. 운 좋게 그곳에서 알게 된 한국 분이 생선회를 뜰 줄 알아서 모두가 호사를 누리기도

했다.

어렸을 때, 아빠가 낚시를 가시는 걸 보고 '나도 해 보고 싶다'라고 생각한 기억이 있다. 그래서 그런지 어렸을 때부터 나는 낚시를 해 보고 싶었다. 뉴질랜드는 낚시하기에 최적의 환경을 가지고 있어 낚시꾼들이 흔하다. 그 덕에 나도 배를 타고 바다낚시를 해 볼 수 있었다. 그러나 막상 경험하고 나니, 내가 낚시를 좋아하는 사람이 아니라는 걸 알았다. 낚싯줄에 걸린 물고기가 살려고 파닥거리는 모습을 보니까, 낚시꾼들이 말하는 그 손맛을 느껴보고 싶지 않게 됐다.

한국에 들어갈 때쯤 차 두 대를 빌려 한국 분들과 북쪽으로 여행을 가다가 접촉 사고가 났다. 돈을 분배해야 하는 일이 있었으나 그때의 사고는 내 인생 여정에서 하나의 해프닝으로 끝났다. 가벼운 사고였고, 내가 낸 사고도 아니었고, 무엇보다 같이 해결할 수 있었기에 트라우마로 자리 잡히지 않고 잘 넘어갈 수 있었던 것 같다. (어쩌면, 나는 여행하는 것에 신이 나서 고주파에 머물렀기에 큰 사고가 나지 않았을 수도 있겠다는 생각이 든다.)

나는 똥인지 된장인지 직접 맛봐야 알아듣는 사람이었다. 해 보기 전에는 그걸 정말 좋아하는지 알기가 어렵지 않은가? 그러니, 당신도 시도해 보고 '아니다' 싶으면 다른 것을 시도해 봐도 괜찮다. 처음에 시도할 때부터 결의를 다질 필요가 전혀 없다. '아니면 말고'라고 가볍게 생각해 보는 게 좋다. 세상은 당신에게 "실패자"라는 꼬리표를 붙이려고 시도할지 모르겠지만, 젊은이의 특권은 그것에 개의치 않고 도전해 보는 게 아니겠는가? 타인의 평가에 계속 휘둘리다 보면 자신이 원하는 삶을 살 수 있는 기회를 점점 잃게 된다.

 잠깐 옆길로 새자면, 난 거기서 일본인들에게 호감이 생겨서 뉴질랜드 여행 후 다음 여행지를 일본으로 계획했었다. 그런데 좀 더 친해진 뒤, 그곳에 있는 일본인들은 한국 혼혈이라고 말하기를 꺼렸다는 걸 알게 됐다. 이것은 나에겐 좀 충격적이었다. 지금은 사회적 분위기가 좀 바뀌었을 것 같다. 그러길 바란다. 한국인들을 폄하하는 교육을 받았을 테고 자신의 인식 체계에 맞는 경험으로 그런 편협된 관념들이 자리 잡았을 것이다. 나 역시 그전에는 일본에 대한 호감을 느낄 기회가 없었기에, 딱히 일본으로 여행 가고 싶다고 생각하지 않았으니 말이다.
 사실 인간은 진실을 받아들이는 것이 아니라 무의식 속에

진실이라고 인지한 것을 받아들인다. 뉴질랜드 여행 덕분에 좋은 경험을 하고 나서야 내가 갖고 있었던 선입견에서 좀 벗어날 수 있었다. 이렇게 직접경험의 힘은 겹겹이 쌓인 고정관념들을 한순간에 날려 버릴 수 있다.

> We all make decisions based on our own unique experiences that seem to make sense to us in a given moment. [『The Psychology of Money』, Morgan Housel]

지금의 결과는 다음 결과의 시작

 나는 내 것을 해야 열정을 다해 살아갈 수 있는 사람이라는 걸 확신할 수 있었다. 유년 시절에, 열정을 불태울 수 있는 대상을 찾아내고 싶었지만, 그 당시 재능을 찾아볼 기회나 여유가 없었다. 어렸을 때부터 생각하는 걸 즐겼고, 춤추는 걸 좋아했던 걸로 기억한다. 가세가 기울어지면서 나는 적극적으로 사교육을 받을 수 없었기에, 스스로 무엇을 좋아하고 잘할 수 있는지에 관심을 두게 됐다. 막연히 모델이 되고 싶었다가, 초등 6학년 이후에 키가 크지 않게 돼 발레리나를 생각했다가, 개인지도를 받을 수 있는 형편이 아니라는 것을 확연히 알았기에 중학교 때 그 꿈은 접었다. 영화계에서 일하고 싶었다가, 잠깐 정신과 의사가 되고 싶었다.

그러나 물리 빼고 다른 과학 과목과 수학에는 별 관심이 없었다. 하고 싶은 것들은 계속 바뀌었다가, 언젠가부터 내가 정말 하고 싶은 게 뭔지 모른 채, 꿈꾸는 걸 멈추고 한동안 밍밍한 삶을 살았다.

대부분의 사람이 출발선상에서 끝을 예측한 다음 앞만 보고 목적지를 향해 질주하는 삶을 살아가고 있지만 나의 경우는 직관에 따라 움직였던 것 같다. 그래서 연기 경험도 없는 내가 뜬금없이 연기를 배우겠다고 한 결정은 가족과 친구들에게는 굉장히 놀랍고도 생뚱맞은 소식이었을 것이다. 연극영화과에서 나는 캐릭터가 왜 그런 행동을 하게 됐는지 그리고 그런 행동을 할 수밖에 없는지, 즉 인물 분석이나 그들의 서사에 더 관심이 갔다. 아마도, 연기를 하려면 몸을 자유자재로 쓸 줄 알아야 하는데, 몸 쓰는 건 잘 못해서 (출발선이 달랐기에 경험이 부족한 것이다.) 본능적으로 다른 방도를 찾았던 것 같다.

그러던 중 내가 그 분야에서 계속 도전해 볼 용기가 더 이상 없다는 걸 알게 됐다. 거기에서 스타가 된 친구들은 자신을 믿었는데 나는 미래가 그려지지 않았다. 무엇보다 그것의 가치를 짐작할 수 없었다. 그리고 내가 그 환경에 어울리지 않는다고 생각했다. 럭셔리 브랜드에 관심도 없었고 성형을 감행할 용기도 없었으며 다이어트를 감수하는 노력도 하지 않았다. 그렇다고 특출나게 끼가 있는 것도 아니었고 연기에 미치지도 못했다. 그래서 좀 더 잘할 수 있을 것 같은 심리학을 전공해야겠다는 결론에 다다랐다. 그때 막연히 심리학이 인간의 마음을 공부하는 학문이라고 알고 있었다.

첫 해외여행을 성공적으로 끝마치고 한국으로 돌아온 나는 배포가 커져서 미국행을 꿈꾸기 시작했다. 혼자 배낭여행을 떠난 경험을 기반으로 미국 유학을 준비했다. 질풍노도의 시기인 학창 시절에도 영어에는 흥미를 계속 가지고 있었고 곧잘 했다. 그때만 해도 영어를 꽤 잘하는 줄 알았다. 아주 조금 잘할 때는 실패한 경험이 별로 없어서인지 자신감으로 영어를 했었다. 미국에 도착해서 실전 영어 실력이 턱없이 부족하다는 걸 느끼기까지 그리 오랜 시간이 걸리지는 않았지만 말이다.

그때는 몰랐지만, 나중에 알 수 있는 건 산발적으로 흩어져 보이는 점들이 모여 어느 순간 선을 만들어 냈다는 것이다.

계속 나아가기(Keep going)

 처음 아닌 길이 어디 있겠냐? 모두에게 처음이 있었을 것이다. 미국에서 박사과정을 이수하고 있을 때, 소속된 과에서 내가 유일한 아시안 유학생이었다. 경영대학원에는 중국이나 한국 유학생이 많이 있었지만, 미국에서 교육계가 돈이 되는 분야가 아니라서 그런지 동양인 유학생은 없었다.

 지나고 보니, 어떤 것이 내 생각대로 이루어졌다고 해서 다 경사도 아니었고 또 당시에는 실망감을 안겨준 결과였을지라도 나중에 보면 더 잘된 일이 되기도 했다. 미국에서 괜찮은 조건이라고 횡재했다고 덥석 들어간 집에서 나는 정신병동에서 생활하는 것 같은 경험을 했다. 집주인 할머니는 교양 있어 보였고―실제로 배우신 분이셨다. 경제적으로 가난한 상황을 경험하지도 않으셨는데 정신적으로 굉장히 불안한 상태에 있었다.

할머니는 핸드폰이 작동 안 되면 내가 위층에서 그녀의 핸드폰을 컨트롤했다고 시비를 거셨고, 그녀는 내가 버라이즌(통신회사)에 근무하므로 자기 폰을 고장 나게 했다고 주장했다. 그 당시 나는 유학생이어서 회사에 취직할 수 있는 신분이 아니었는데 말이다. 나중에는 인터넷 선을 가위로 잘라서, 나는 스타벅스에 가서 과제를 해야 했다. 그녀는 그렇게 소동을 피우고 난 후, 나에게 통신사에 다시 연락해서 인터넷을 설치해 달라고 부탁하는 행동을 반복했다.

할머니의 증상이 점점 심해져 그 집에서는 사용할 수 있는 가전제품의 수가 점점 줄더니, 급기야는 전자제품은 아예 사용할 수 없게 됐다. 자기 신발 한 짝이나 냄비 뚜껑을 잃어버리면(그녀는 밤새 버린 걸 기억하지 못했다.), 그것도 내가 가져갔다고 했다. 밤마다 쪽지를 내 방문 틈으로 집어넣어서 그녀의 발소리가 들릴 때마다 나는 공포에 떨었다. 그녀는 정신적으로는 불안정한데 육체적으로는 굉장히 건강했고 힘이 셌기 때문에, 아찔했던 건 누군가가 자기를 해칠 수 있다는 생각에 타인을 공격할 수 있다는 점이었다.

그때가 집을 쉽게 구할 수 있는 시즌이 아니어서, 당장 이사를 나올 수가 없었다. 또한 그전에 미국인 신혼부부가 사는 집에서 방을 렌트해서 살던 중 집에 쥐가 들어왔는데 그 젊은 부부들이 개의치 않아 했던 일도 있었다. 도저히 살 수가 없어서 나와 바로 구한 집이 그 할머니 집이었다.

신혼집에는 고양이가 있었는데 쥐를 잡지도 않고 자기 밥을 쥐와 나눠 먹고 있었다. 신혼부부들의 사이 또한 아주 좋아서 보기 좋았지만, 그 부부는 너무 쿨하다 못해 제빵 트레이에 쥐똥이 득실거리는 것조차 별거 아니라고 여겼다. 쥐 때문에 괴로워하는 내가 유난 떠는 사람 취급을 받았다. 어느 날 요리를 하다가 스토브 틈새에서 쥐가 나온 걸 보고, 나는 그 집에서 더 이상 살 수가 없었다.

미국 생활은 점점 황폐해지기 시작했고 다 포기하고 그냥 한국으로 돌아가고 싶었다. 그때 내가 바로 한국으로 돌아갔었다면, 기세가 꺾여서 박사학위까지 공부하지는 못했을 것이다.

난관에 기가 꺾이는 건 너무 쉽고 자연스러운 현상이다. 그렇기에 자신이 되고자 하는 모습에 집중하면서 지금 당장 할 수 있는 일을 하는 것이 중요하다. 표적 목표에 에너지를 계속 의도적으로 보내야 한다. 그러나 이것은 자연스러운 현상을 거스르기 때문에, 쉽지 않은 작업이다.

그때는 개고생했다고 생각했지만, 지나고 보니 나는 운이 좋았다. 여유롭게 경제적 지원을 받을 수 있는 여건도 아니었고 누구 하나 유학을 가라고 권유하지 않았는데도 불구하고, 내가 원하는 일을 해냈다. 그때 포기했다면, 나 자신을 믿지 못했을 것이다. 정신력이 좀 강해졌다고 해야 할까. 군대 갔다 온 사람처럼 지금 이렇게 나의 이야기를 무용담처럼 나눌 수 있기에 그 경험은 값진 자산이다.

정신적으로 아픈 사람들을 만나기도 했지만, 운 좋게 좋은 분들의 도움을 받을 수 있었고 위험한 지역에서 큰 사고 없이 유학 생활을 끝마칠 수 있었다. 엄마는 항상 묵묵히 최선의 지원을 해 주셨다. 그리고 고비마다 '짠'하고 나타난 귀인들 덕분에 여기까지 온 것이기에 감사할 따름이다.

세상에 감사하자!

Thank you!

Thank you!

Thank you!

We are afraid of losing what we have, whether it's our life or our possessions and property. But this fear evaporates when we understand that our life stories and the history of the world were written by the same hand. [『The Alchemist』, Paulo Coelho]

자기 결단력

 당신의 소망 중 부자가 되는 것이 포함되어 있다면, 부자가 되겠다고 결정해야 한다. 분명 자기 결단력은 현실을 크게 바꿀 수 있다. 어떻게 부자가 될 것인지를 정하는 건 다음이다. 나의 경우, 이렇게 저렇게 꿈의 형체는 바뀌었지만, 한 가지 바뀌지 않은 것이 있다.

 나는 예전 우리 집을 되찾고 싶다고만 갈구했지, 부자가 된 모습을 상상하지 않았기에 오랫동안 결심하지 못했다. 우리의 역사는 자기 결정력에서 시작되는데 말이다. 내 영혼의 소리를 외면하고 나의 의무와 가치를 오랫동안 잊은 채 뭐든 최선을 다해야 한다는 관념에만 사로잡혀 살았기에, 돈이 안 되는 일을 계속 그리고 아주 열심히 하면서 살

앉다.

　당신이 부자를 꿈꿔왔고, 그것을 향해 달려왔는데도 그 꿈을 이루지 못했다면, 당신은 부를 꿈꾸는 것에 죄책감을 가지고 있거나, 다른 사람은 몰라도 자신만은 부를 누릴 자격이 없다고 오는 부까지 밀어내고 있는지도 모른다. 물론 의식적으로는 아닐지라도 말이다.

　그에 반해, 우리는 타인의 성공을 신격화하는 경향이 있다. 내가 초등학교 4학년 때쯤 엄마가 TV에 나온 어느 재벌가의 성공담을 다루는 방송을 시청하면서 그 기업의 윗세대들이 열심히 살아서 그런 거라고 말씀해 주셨다. 우리 가족은 부자에 대해 나쁜 인식을 하고 있지는 않았지만, 나는 그 "열심히"라는 말에 동의할 수가 없었다. 그래서 엄마에게 새벽에 나와서 일하는 청소부도 열심히 살지만, 재벌이 되지는 못했다고 말대답했다. 그때 처음으로 엄마의 의견에 토를 달았던 것 같다.

　"열심히" 해야 성공한다는 인식이 자리 잡고 있다면, "열심히"만 해야 할 일이 계속 생기기 마련이다. 그렇기에 자신이 하는 생각을 잘 지켜봐야 한다. 열심히 노력할 생각을 먼저 하기 전에, 그것이 정말 열심히 해야 하는 일인지 결정해야 한다. 그것이 당신의 꿈과 관련이 있다면, 어떻게 하면 그것을 체계적으로 효과 있게 할 수 있을까를 생각해 봐야 한다.

뭘 해도 안 풀리고 있을 때, 나 포함해서 대부분 자신이 더 노력해야 한다고 자동으로 생각하게 된다. 그러나 그보다는 일상생활 속에서 자신의 습관을 확인해 보는 게 우선시돼야 한다. 특히, 일상에서 무의식적으로 내뱉는 말버릇 습관에 주의해야 한다. 과거의 안 좋은 일이 계속 일어났을 때, 나도 모르게 "짜증이 난다.", "오늘 재수가 없다."라는 말을 입에 달고 살았다. 한 번으로 끝날 일을 그 말버릇 때문에 더 안 좋은 일을 끌어당겼다. 그때는 내가 피해자라고 생각하고 있었기에, 그런 무의식적 반응들로 악재를 끌어모으는 일에 스스로 적극적으로 가담하고 있다는 것을 알지 못했다.

Poverty is a sin. Obviously, you cannot be very happy if you are poor so you need not be poor. [『The Dynamic Laws of Prosperity』, Catherine Ponder]

모두 자신의 세계에서 전쟁을 치르고 있다

 정원을 가꾸고 거실에서 수를 놓거나 영어 공부나 프랑스 사전을 뒤적이던 엄마는 갑작스럽게 이사 온 후 생활전선에 뛰어들어야 했다. 나보다 나이가 많은 오빠는 방황하기 시작했고, 우리 집에서 아버지는 불편한 손님 같은 존재가 돼 버렸다. 나는 너무나 혼란스럽고 불안해서 모든 사건이 꿈이길 바랐다. 아니, 할 수만 있다면 그 기억의 조각을 떼어 버리고 싶었다.

 그 당시 엄마가 야근해야 할 때, 나는 이모 집에 맡겨졌다가 그것도 불편해서 집에서 혼자 울다 잠드는 경우가 종종 있었다. 새 동네도 새 학교도 너무 이질감이 느껴져 불편을 넘어 두려웠다. 성북동에서는 나에게 모두가 친절하고 우호

적이었는데 새 동네는 차갑고 배타적이었다. 냄새도, 온기도, 오고 가는 눈빛과 말투도 달랐다. 어느 날 평소 입었던 드레스를 입고 나갔다가 동네 아이들의 놀림거리가 되기도 했다. 그러나 누구한테도 도움을 청할 수 없었다. 그때부터 그걸 해결해 줄 사람이 없다는 걸 막연히 감지했던 것 같다. 우리 가족 모두 인생의 한파로 인해 직격타를 맞는 중이어서 그들의 삶도 너무 고달팠다.

 무엇이 우리 가족이 일상으로 복귀하지 못하게 가로막고 있었을까? 어디서부터 잘못된 것인지, 나는 통 알 수가 없었다. 다시 성북동 우리 집으로 돌아갈 거라고 되뇌었지만, 방법을 알 수가 없었다. 그것을 알아야 하는 게 그 당시 어린아이의 몫이 아니었는데, 나는 너무 일찍 좌절감과 죄책감을 느꼈다. 성장하면서 그 꿈을 잊지는 않았지만, 하루하루 버티는 삶을 살면서 그 꿈을 염원하는 게 너무 고통스러워 내면 아래 깊숙이 숨겨 두고 살았다.

 꿈도 외면한 채, 신과 아빠를 내 마음속에서 지워 가고 있었다. 오빠도 그 당시에는 청소년이었고, 엄마도 처음 겪는 일이었고, 물론 아빠한테도 그랬다. 이제 와 생각해 보니, 어린이였던 내가 그나마 상처를 덜 받았을지도 모르겠다는 생각이 든다. 엄마는 우리 집을 그리워할 여유도 없이 생활을 꾸려가기에 바빴으니까 말이다.

 세상에는 흑백을 확실히 나눌 수 없는 회색 지대(Grey Zone)가 존재한다는 걸 너무 이른 나이에 알았다. 그때는 그것을 알게 된 것 자체가 싫었는데 큰 세상에서 다양한 사람들을 만나보니, 사람은 누구나 회색 지대를 갖고 있어서 흑백을 확실히 나누려는 강박관념에서 벗어날 필요가 있다는 것을 배우게 됐다. 좀 더 폭넓은 경험을 하고 나니 사고방식이 조금 유연해진 것 같다. 자신의 회색 지대처럼 타인의 회색 지대도 관대하게 받아들이면, 그들의 고군분투하는 모습이 짠하게 느껴지게 된다.

누구나 자가 치유력이 있다

 어렸을 때 타인으로부터 '아이야, 너 괜찮니? 네 마음이 안 좋은 건 당연해. 많이 속상했겠구나'라고 따뜻한 위로를 받은 기억은 없다. 그래서 그런 걸까? 성인이 되었는데도 갑자기 안 좋은 일이 생기면 그 당시의 꼬꼬마로 돌아갈 때가 있었다. 그럴 때는 감정의 떡이 되어 꼼짝달싹하지 못하는 경우도 있었다.

 그런 이유로 자가 치유를 하기 시작했다. 어른이 된 내가 그때의 꼬마가 듣고 싶었던 말을 해 주는 것 말이다. 처음엔 좀 낯간지럽다. 이것은 생소해서 뇌에서 거부 반응을 보일 뿐이다. 처음만 좀 쑥스럽지, 몇 번 하다 보면 할만하다. 당신도 실제로 해 보면, 위로를 받게 될 것이다. 자가 치유력이 있다는 것에 자신이 얼마나 엄청난 존재인지도 알 수 있을 것이다.

여러분들 중 타인 특히 가족 때문에 고통을 겪는 분이 분명 있을 거로 생각한다. 내 부모를 이 세상에 오기 전에, 내가 선택했다고 생각한 후 부모님에 대한 원망이 사라지고 더 애틋하고, 감사함을 느끼게 됐다. 어른이 돼 보니 조금은 알겠다. 어른이 된다고 해서 완벽해지는 게 아니기에 이해가 좀 됐다고 할까? 인생 학교에서 레벨 업을 하기 위해서 가장 어려운 수행 상대를 골랐다고 생각하는 것이 본인 정신건강에 이로울 것이다. 가족이라도 인간에 대한 예의는 갖추되 '가족'이라는 명목하에 혹사당할 필요는 없다. 성인이 돼서 독립하면 된다. 그리고 꼭 그래야 한다. 우리 모두 각자 부모는 부모 대로 또 자식은 자식 대로 자신의 성장을 위해 경험해야 하는 일들이 따로 있기 때문이다.

The world as we created it is the result of our thinking. We cannot change it without changing our way of thinking.
[Albert Einstein]

제 2장

생각을 경험하는 나

만약 욕망하는 데도 행동으로 옮겨지지 않는다면,
그것은 당신의 욕망이 아닐 가능성이 크다.
지금 꿈틀거리는 욕망이 당신의 영혼이
원하는 일이라면 지금 당장 할 수 있는
일부터 시작하게 될 것이다.

현실 세계는 생각이 반영된 세계

'나'라는 개체가 여러 면에서 다른 사람과 다르다는 것은 알고 있으나, 실제로 어떤 사람인지는 알지 못한다. 자신이 어떤 사람인지 정의 내리기는 쉽지 않다. 당신의 경우는 어떠가? 과거에 나는 세상이 나에게 가혹하며 나를 받아 주지 않는다고 여겼다. 지금은 그 시기가 그것들을 경험해야 할 때였다는 것을 받아들일 수 있지만, 그 당시 나는 시련들을 담대하게 감싸안을 수가 없었다.

유학 시절 공부와 일을 병행했었는데, 초반에는 일을 해서라도 생활을 할 수 있다는 것에 감사한 마음이 커서 성당에 가면 주에 번 돈에서 10%를 감사헌금으로 봉헌했다. 그러나 노동의 강도가 높아지자 몸이 쉽게 지치고 자주 아프

게 돼, 공부가 버거워지기 시작했다. 그러다 일할 필요 없이 주말이면 놀러 다니는 다른 유학생들과 나를 비교하니, 나의 환경이 부정적으로 해석되면서 일상이 삐걱거리기 시작했다. 그래서 그랬던 건지, 짧은 기간 동안 교통사고가 연속적으로 났었고 한 번은 정말 한순간에 저세상 갈 뻔한 적이 있었다.

살아있는 것에 감사한 것도 잠시, 나는 물질적 손해와 신체적 고통에 괴로워하기 시작했다. 또한 그 당시에 어떤 사람들이 나를 생각해 주고, 어떤 사람들이 그렇지 않은지 알 기회가 있었는데도 한꺼번에 몰아치는 사건 사고에 함몰되어, 그런 기회를 알아볼 여력이 없었다. 또한 지혜도 부족해 나중에 호되게 값비싼 수업료를 내야만 했다. 지금 생각해 보면, 내가 첫 번째 맞은 화살에서 판단하고 불평하는 걸 멈췄더라면, 다른 악재들을 끌어들이지 않았을 거다.

개개인의 현실 세계는 그들의 생각을 반영한 세계이다. 우리가 하는 생각은 사회적 '프레임(frame)'*의 영향을 크게 받는다.

프레임에 관한 좋은 예시로 서양 동화 『핑크 대왕 퍼시(Percy the Pink)』를 소개하겠다.

핑크색을 광적으로 좋아하는 핑크 대왕 퍼시는 모든 소유물이 핑크색이었고 매일 먹는 음식까지도 핑크색이었다. 어느 날, 고민 끝에 핑크 대왕은 백성들의 모든 소유물과 나무와 꽃, 동물까지도 핑크색으로 바꾸라는 법을 제정했다. 그러나 하늘까지는 핑크로 바꿀 수가 없었기에, 그는 만족할 수 없었다. 왕의 스승이 왕에게 하늘을 핑크색으로 바꿔 놓았으니 준비한 안경을 끼고 하늘을 보라고 했다. 하늘을 핑크로 바꾸는 것은 불가능한 일이었지만, 하늘을 핑크색으로 보이게 할 방법을 찾아냈다.[1]

그러니 한발 앞서, 우리는 리프레임(reframing: 재구성)을 해야 한다. 어떤 일을 보는 시각을 바꾸는 것을 심리학에서 재구성이라고 한다. 어떻게 우리의 인식 체계를 재구성해야 하는지 나의 사례를 통해 구체적인 방안을 도출할 수 있을 것이다.

NOTE

* 프레임(frame): 세상을 보는 마음의 창 [『프레임』, 최인철]

의도적으로 생각하라

마음공부를 시작하면서, 내가 생각에 잠식돼 있다는 걸 알게 됐다. 그래서 부정적 생각에 매몰되기보다는 나에게 유리한 상황을 상상하려고 했다.

나는 유학 시절 고단한 일상을 재벌들이 부를 승계할 때 수업을 받듯 그런 훈련을 하고 있다고 생각하기로 했다. 그런 느낌이 들었다는 표현이 더 맞을 것 같다. 어떤 여배우는 슬픔을 표현할 때 과거 시련의 경험을 기억해서 연기의 자양분으로 사용한다고 한다. 나중에 나도 글을 쓰게 되면 그런 내용을 다루겠다고 생각했다. 그러한 경험들이 다 쓰임 받게 될 날이 있을 거라는 것을 짐작했다. 그래서 '얼마나 대박이 나려고 이런 시련을 겪고 있는 걸까'라고 친구들한테도 말하곤 했다. 엄마한테도 걱정 대신 감사의 기도를 부탁했다.

내가 존경하는 분들도 자신의 한계를 극복하고 세상에 자신을 자유롭게 표현하고 자기 빛을 발산하는 사람이다. 혹시 그런 사람을 만나기 위해서 나 또한 강도 높은 개인지도를 받아야 했는지도 모르는 일이다. 타인의 아픔을 더 공감하고 더 사랑하기 위해서 치러야 할 인생 공부 말이다.

새는 알에서 나오려고 투쟁한다. 알은 세계이다. 태어나려는 자는 하나의 세계를 깨뜨려야 한다. 새는 신에게로 날아간다. 신의 이름은 아브락사스. [『데미안』, 헤르만 헤세]

의지 문제가 아니다

  나의 평상시 삶은 정말 단조롭다. 책을 읽고 명상하고 가벼운 운동을 하는 루틴으로 하루를 시작하고 있다. 그러고 보니 거의 수도승이나 다름없이 살고 있는 게 아닌가 싶다. 미국에 오면서 한국의 친구들과 거의 연락이 끊겨서, 한국에 들어가면 한두 명만 잠깐 보는 정도다. 대체로 나는 혼자 있는 시간에 외로움을 느끼지는 않는 편이어서 불편하지는 않다. 오히려 혼자만의 시간과 공간에서 에너지를 충전해야 하는 사람이다. 그러나 밖에 나가서 어울려야 할 때는 정말 적극적으로 즐긴다.

  이러한 단조로운 일상에서 수면은 매우 중요한 부분으로 차지한다. 생각하고 글을 쓰면 에너지가 엄청나게 소요돼서 잘 자야 한다. 또한 고민이 있을 때, 나는 일단 잠을 먼저 청한다. 다음 날도 그 문제에 해결책을 찾지 못하면 더 이상 고민할 사항으로 두지 않으려고 한다. 그건 내가 지금 당장 해결할 수 없는 일일 수도 있고, 아니면 고민할 가치가 없는 흘러 들어온 생각들이기에 흘러가도록 두는 편이다.

당신이 인정하든 하지 않든 상관없이, 당신의 생각은 반드시 몸에 영향을 끼친다. 자, 눈앞에 라임(lime) 조각이 쌓여 있고 그걸 하나씩 먹는 상상을 해 보자. 실제로 라임을 먹지 않았는데도 입안에 침이 잔뜩 고이게 되는 경험을 할 것이다.

내가 하기 싫은 일을 해야 했을 때, 몸이 크게 아팠던 적이 있다. 과민성 대장으로 석 달 동안 고생했었고, 폐렴에 코로나를 연달아 걸려서 6개월 동안 심하게 앓고 몸무게가 10kg 정도 빠진 적도 있다. 그러니 몸과 생각을 분리해서 생각하는 습관에서 벗어나야 한다.

당신이 힘들다고 느낀다면, '정신력으로 버텨내야 한다'라는 고정관념에서 벗어나 어떤 종류의 고통인지 먼저 확인할 필요가 있다. 의외로 배가 고프거나 잠을 제대로 자지 못한 게 원인이 될 수 있다. 잠을 제대로 못 자면 편두통이 생길 수 있고 몸이 아플 수 있다. 그러니 육체적인 힘듦에서 오는 고통인지 먼저 생각해 보는 걸 조언하고 싶다. 자기 계발 유행에 따라 '새벽형 인간'이 돼야 하거나 '미라클 모닝'을 실천해야 하는 것은 아니다. 그게 안 된다고 당신의 의지 탓을 하면서 자신을 몰아붙이지 않길 바란다. 자기 스스로 자신을 보듬어 주어야 한다.

Be Kind!

Be Gentle!

사는 것이 힘들어 좌절한다면, 자신의 능력 밖의 일을 하고 있다고 몸이 신호를 보내는 것이다. [Henri JM. Nouwen]

실수는 인정하면 그만, So What?

 좌절하지 말자. 자신이 한심해 보일 때라도 자책하지는 말자. 훌훌 털고 일어나면 된다. 마음공부 하고 나서 눈에 띄는 변화가 있다면, 나는 좌절하더라도 금방 다시 일어날 수 있게 됐다. 인간은 '지금', '여기'에 집중하지 못하면, 불안해지기 쉽다. 이제 나는 과거의 선택에 후회나 책망하는 짓은 하지 않는다. 과거의 당신도 제일 나은 선택을 했을 것이다. 시련을 겪어야 했기에 겪은 것일 뿐이다. 우리 모두 자기 자신에게 좀 관대할 필요가 있다. 지금은 자신과의 관계를 회복하는데 (초)집중해야 할 때라는 걸 자신에게 계속 상기시켜 줘야 한다.
 이 세상에는 자신의 꿈을 이루는 사람과 좀처럼 생각대로 꿈을 이루지 못하는 사람이 있는데 그 차이는 사고, 언어, 행동의 벡터 차이 때문이다.[2] 우리는 성공한 사람들에게서 스스로 하겠다고 선언한 일은 확실하게 실천하는 행동력을 볼 수 있다. 나도 꿈을 이루었을 때, 평소의 생각이 계속 목표에 집중돼 있었고 그 생각과 행동이 일치된 날이 많았다. 반면에 내가 꿈을 잘 현실화시키지 못했을 경우, 나의 평소 생각과 말, 행동이 일치하지 않았다.

전구의 빛과 레이저 광선의 예로 들면, 전구의 빛은 여러 방향으로 빛을 보낸다. 다양한 빛의 파장이 섞여 있어 제각각이다. 빛이 나아가면서 에너지가 감소하는 데 반해, 레이저 광선의 특징은 일정한 방향으로 빛을 보낸다. 파장이 일정하고 주기가 일정하고 에너지의 집중도가 높다.[3] 이 이론을 우리 일상에 대입하여, 인생이 생각처럼 잘 풀리지 않을 때는 자신이 이것저것 손을 대서 에너지가 분산된 건 아닌지 점검해 보자.

여러 가지 일을 동시에 해결하려고 하면, 전구처럼 파장이 분산돼 일이 생각하는 방향으로 진행될 수가 없게 된다. 반대로, 자신이 진심으로 하고 싶은 일 한 가지에만 집중하면 레이저 광선처럼 단기간에 가장 **빠른** 속도로 소원을 실현할 수가 있게 된다. 그 한 가지를 성공하고 나면, 그것을 실행하는 과정에서 배운 것을 시스템화할 수 있다. 시스템이 되면 확장하기는 쉽다.

과거에 내가 실패했던 이유는 미숙했기 때문이거나 나에게 보완하고 재시도하는 경험이 필요했기 때문이다. 시련이 없으면 자신을 제대로 평가할 수가 없게 된다. 그때 그 정도의 실력밖에 없었기 때문이라는 걸 인정하고 나면 중도에 그만두는 게 아니라 계속 개선해 나갈 힘이 생긴다. 자기가 만족할 만한 완벽할 때는 오지 않기에 시작하면서 실수하고 잘못하면 인정하면서 개선해 나가는 게 중요하다.

> 생각하는 대로 살지 않으면 사는 대로 생각하게 된다. [Paul Bourget]

겁나게 대단한 존재

　당신은 하루하루 신명 나게 살고 있나? 어쩜 이게 너무 순진한 질문이라고 당신이 콧방귀를 뀔지도 모르겠다. 한국에서 명문 대학에 입학하고 대기업에 입사해 적당한 나이에 결혼하고 아파트 평수에 따라 행복이 정해진다는 프레임을 수없이 듣고 보고 자라온 당신에게는 이게 무슨 (개)신명 같은 소리냐고 들릴 것이다.

　우리가 이 세상에 누군가와 경쟁하려고 온 것이 아니라, 상상한 것들을 창조하고 누리려고 온 것이라는 말이 이제는 당신의 마음에 닿길 바란다. 사회에서 만들어 낸 프레임에 휘둘려 살다 보니 우리가 마땅히 누려야 할 권리를 잊고 살았다. 그러니 이제부터 정신 똑바로 붙들어야 한다.

Checklist

☐ 소울첵

☐ 마음첵

☐ 외모(Body)첵

  지금 여러분이 한계를 생각하고 있다면, 당신이 창조하는 길에서 벗어나고 있다는 걸 알아채야 한다. 알아차림이 바로 마음 챙김이니, 부정적 생각으로 가려고 했던 자신의 에너지를 결집해서 다시 창조하고 이루고자 하는 지점에 보내면 된다. —말은 참 쉽다. 그렇다! 자꾸 '어렵다'라는 생각의 장난질에 놀아나지 말고, 자신에게 계속 상기시켜 줘야 한다. 우리는 타인의 생각과 감정을 통제할 수는 없지만, 자기 생각과 감정을 통제할 힘이 있다는 것을!

  지금 마음 근력이 없다면, 이 힘도 근육량을 키우듯 훈련하면 기를 수 있으니 너무 상심하지 않길 바란다. "당신은 당신이 생각한 것보다 대단한 존재다." 그것도 엄청나고 겁나게 말이다. 너무 많이 들어서 식상한 말이 돼 버렸지만, 사실이기에 사람들이 계속해서 말하는 것이다. 안타까운 마음에 나도 다시 말할 수밖에 없다.

욕망을 아끼지 마라

 당신은 꿈이 이루어지지 않았다고 지금 낙담하고 신세 한탄을 하고 있을지도 모르겠다. 당신의 꿈이 이루어지지 않았다면, 당신이 그것을 그저 꿈인 채로 끝내 버렸기 때문이다. 그러니, 지금 당신의 욕망을 끄집어내서 다시 욕망해야 한다. 어느 누군가의 허락을 받을 필요는 없다. 더 큰 꿈을 꿔도 된다. 더 나은 삶을 욕망해도 된다. 욕망은 성공의 시발점이다. '나는 성공을 원한다.' 그렇다면 이것은 행동의 시발점이 될 것이다. 만약 욕망하는 데도 행동으로 옮겨지지 않는다면, 그것은 당신의 욕망이 아닐 가능성이 크다. 지금 꿈틀거리는 욕망이 당신의 영혼이 원하는 일이라면, 지금 당장 할 수 있는 일부터 시작하게 될 것이다.

내가 진정으로 원하는 것이 무엇인가? 자신에게 물어야 한다.

꿈을 현실화시키기 전에, 간단한 준비 작업이 필요하다.

1. 자신이 생각하는 성공의 개념 정리를 해 보자.
2. 자신의 목표를 세워야 한다.
3. 지금 여기에서 할 수 있는 일부터 시작한다.

나는 유학 시절에 교통사고로 차를 폐차해야 했을 때, 대학원 과정 막바지라서 한국으로 돌아갈 것인지 미국에 남아 있을 건지 결정된 상태가 아니어서 새 차를 마련하는 대신 얼마 동안은 대중교통을 이용하기로 했다.

미국의 대중교통을 이용한다는 것은 자가용을 이용하는 사람보다 3시간쯤 뒤처진다는 걸 고려해야 한다. (뉴욕의 경우는 아니겠지만) 버스는 오전에는 30분 정도 그리고 저녁엔 1시간 간격으로 오고 환승을 해야 할 때 다음 차 시간을 맞추는 게 굉장히 어렵다. 미국에서 내 집은 없어도 크게 타격을 받지 않을 수 있지만, 차가 없으면 일상 생활하기가 너무 버겁다. 진짜 바보 된다. 다행히 나는 대학원 마지막 학기라서 매일 학교를 가야 하는 게 아니었기에 왕복 4시간 대중교통을 이용하면서 통학했다.

그나마 기차는 깨끗한 편이지만 기차가 가는 노선은 버스보다 한정적이었다. 버스는 락스 냄새와 음식 냄새, 사람 냄새, 오물 냄새가 겹겹이 쌓여서 나처럼 냄새에 민감한 사람에겐 조금 버거웠다. 버스 안 입구에는 '음식물 금지'라고 쓰여 있지만 승객이 음식을 먹는다 해도 운전기사가 음식물을 먹지 말라는 말을 하지 않았다. 큰 소리로 전화 통화를 해도 음악을 크게 틀어도 누군가 지적하지 않는다, 아니 못 한다. 이런 걸 보면 자신의 자유가 너무 중요한 나라라는 말은 맞는 것 같다. 요새는 많은 사람들이 자유와 방종을 혼용해서 사용하는 것 같다. (여기서 잠깐, 잊지 말자. 미국은 총기를 사용할 수 있는 나라다.) 그리고 정신적으로 아픈 사람도 많은 것 같다. 나는 버스에서 약에 찌든 승객이 노상 방뇨를 해서 쫓겨나는 광경을 지켜보기도 했고, 공공장소에서 볼 수 없는 것들을 본 적도 있다. 버스가 오지 않아 계속 기다려도 어느 누가 버스가 오지 않는 이유를 신속하게 알려 주지 않는다. 승객들도 항의하지 않고 그냥 기다린다. 이것은 나에게 문화충격이었다. 미국은 선진국이 아니었던가? 나랑 중국인 아저씨만 부스로 가서 버스가 왜 안 오는지 다음 버스가 언제 오는지 물었다.

갈아타기 위해 버스 역 안에 앉아 있으면 배낭과 토트백을 멘 나의 겉모습과 노숙자(homeless)의 모습은 별반 다르지 않았다. 가난과 엮이기 싫어서 그 이후로 나는 조금 더 비싸더라도 좀 더 깨끗한 기차를 타거나 우버를 이용했다. 나의 겉모습은 노숙인과 별반 달라 보이지 않을 수도 있었겠지만 내가 가는 길은 다르다고 스스로 상기시켰다. 큰 시련들, 일상의 자질구레한 시시비비, 그리고 경제적으로 넉넉하지 못한 내 주머니 사정에도 불구하고 나는 내 꿈을 외면할 수가 없었다. 나는 욕망했다. 내가 상상한 미래의 내 모습을 만나고 싶었다. 그것은 포기할 수가 없었다. 아니, 포기가 되지 않았다.

그때 나에게 가장 소중한 시간을 어쩔 수 없이 길바닥에다 흥청망청 탕진해야만 했다는 게 좀 안타깝다. 내가 통학하는 데 왕복 4시간을 허비한다고 말하니, 교수님 한 분이 이사하면 되지 않냐고 너무 쉽게 말씀하셨다. 그 당시의 그 조언은 나에게 '밥이 없으면 고기를 먹으면 되지'라는 말로 들렸다. 하지만 지금 생각해 보니, 그때 나는 다른 방법을 모색하려고 애쓰지 않았는지도 모르겠다는 생각이 든다. 예산에 맞추면, 나는 학교 근처에 살아야 하는데 그곳은 너무 위험하고 나무도 없는 삭막한 동네였기에 살다간 우울증이 생길 것만 같았다. 그래서 난 학교 근처로 이사를 가지 않았다. 내가 갖고 있는 인생의 다이아몬드를 팔아서 안전하면서 편리한 동네의 바이브(vibes)를 산 것이다.

어쩌면 나는 한량적 선향 때문에 삶의 즐거움을 빼고 질주만 할 수 있는 사람이 아니었는지도 모르겠다. 산책을 안전하게 할 수 있고 좀 더 쾌적하고 안정적인 일상을 할 수 있는 공간을 확보하는 게 그때 나에게 더 가치 있다고 판단했다. 그 경험을 통해, 자기 시간을 헐값에 팔지 않기 위해서는 어느 정도의 목돈이 필요하다는 것을 알게 됐다. 물론, 어떤 것이 나에게 더 가치가 있는 것인지 구분할 수 있었고 그에 따른 의미를 규정할 수 있었던 것은 의미가 있다.

많은 분 특히 내 세대의 부모님들은 고통스러운 노력이 필요하다고 굳게 믿고 살아오셨다. 수십 년 전에 고도 경제 성장기의 산업화 발전을 경험했기에 나의 부모님들과 우리 세대는 그런 통념을 가지고 있다. 그 당시에 그것은 맞는 말이었겠지만, 지금은 그게 통하는 시대는 아니라고 생각한다. 회사에 무조건 충성을 다하는 획일적인 직장인은 더 이상 그 가치를 인정받지 못하는 시대가 도래했다. 얼마 있으면 대부분의 일들은 AI가 도맡아 해 낼 것이다. 그런데도 아직 이러한 낡은 사고방식을 강요하고 있기에 세대에 큰 갭이 생기고 있는 것 같다.

세상이 너무 빨리 변하고 있어서, 그동안 익힌 지식이 잘 통용되지 않는 시점에 살고 있다. 요즘 어른들은 젊은이들에게 제대로 된 조언을 해 줄 수 없는 걸 보니, 아마 우리가 제대로 배우지 못해서 그런 것일 수도 있겠다. 우리가 생각하는 방법을 제대로 알았다면, 통찰력이 생겼을 텐데 말이다. 그러니 각자가 자기 계발에 힘써야 하고 직접 자기 삶에 적용해 봐야 한다. 다행인 건, 우리는 인터넷을 통해 고급 정보들을 과거보다 수월하게 찾아볼 수 있는 세상에 살고 있다. 자기 계발을 제대로 못 하는 건 사회 탓이 아니라 우리의 중독된 생각과 안주하고 싶고 이대로 포기하고 싶은 태도 때문이 아닐까.

이제는 자신의 목표 의식과 동기부여를 소중히 하는 사람이 아니면 점점 살아남기 어렵게 됐다. (그러니깐 자기 계발 상품이 불티나게 팔리고 있는 것 아니겠나?) 세계적 프로 선수들이나 CEO처럼 한 사람 한 사람이 자신의 삶에 주인 의식을 가지고 자신의 목표를 설정하고 자신을 위해 일해야 하는 시대가 시작됐기에 당신의 하루하루가 당신의 목표에 맞춰져 있는지 수시로 점검할 필요가 있다. 우리 대부분 다른 이의 목표 달성을 맞추는 것에 중심을 두고 살아간다. 그렇다면, 이왕이면 세상에 확실하게 인정받고 자기의 욕망을 실현하면서 살고 싶지 않은가?

> People are enslaved by ideas of lack: lack of love, lack of money, lack of companionship, lack of health, and so on.
> [「The Secret Door to Success」, Florence Scovel Shinn]

필요한 건 2% 삶의 기술, 자기 이미지

인간의 뇌는 효율성에 적합한 시스템으로 작동하기에 헛수고를 싫어한다. 그래서 어떻게든 앞뒤 상황을 맞추려고 한다. 따라서 행복하다고 말하면 그 이유를 찾기 시작한다. 그냥 이제는 외우자. "우리가 얼마나 사랑을 받고 있는지, 시복을 만끽하기 위해서 살아가는 존재라는걸!" 그러므로 그걸 방해하는 요소들은 배제해야 한다. 이런 것에 자신의 에너지를 쓰는 노력은 해도 좋다.

이제 우리는 노예근성에서 벗어나야 할 때이다. 내 부모의 세대뿐만 아니라 내 친구들도 아직 노력하지 않는다는 것을 편하게 돈을 번다는 뜻으로 받아들이고 있어서 안타깝다. 여기서 노력이라는 것은 하기 싫은 일을 억지로 하는 것인데 말이다. "No Pain, No Gain." 당신도 이걸 당신의 인생 신조로 삼고 있다면, 그런 생각을 당장 쓰레기통에 버려야 한다. 하기 싫은 일을 하는 사람이 행복할 리가 없다.

행복과 노력 사이에는 아무런 관계가 없다. 잘못된 노력을 하면 인간은 불행해지게 된다. 아무 데서나 함부로 애쓰다가 몸 상하고 마음의 병을 얻게 되고 인생 골로 갈 수 있다는 걸 나는 직접 겪어봤기에 이렇게 자신 있게 말할 수 있다. 즐겼을 때, 모든 일들이 술술 풀리기 시작했다.

서양에서는 개인주의 사상으로 다른 사람이 자신을 어떻게 생각하는가에 대해서는 신경 쓰지 않는다고 잘 알려졌다. ―이곳에 살아 보니 이것도 정도의 차이다. 요즘은 한국에서도 타인의 생각에 너무 휘둘리지 말라고 말하고 있지만 여전히 한국 사회는 관계 중심적(Interdependent self-construal) 사회적 구조를 구축하고 있기에 타인의 의견과 시선에 영향을 크게 받는 편이다.

한국은 물리적으로 작은 나라이고 인구가 수도인 서울에 밀집되어 있어서 타인과 부딪히고 싶지 않아도 사회적 거리 간격을 넓게 두기엔 매우 협소하다. 그러니 타인과 비교되는 게 굉장히 자연스러운 현상이다. 한국은 상대와의 관계를 중요시했기에, 타인의 의견을 굉장히 의식하고 그룹에 속하기 위해서 타인의 생각을 너무 의식하니깐 부작용도 있지만(역사적으로 보더라도 그래야만 우리 조상들이 살아남을 수 있었기에, 한국인 유전자에 각인된 게 아닐까?), 주어진 환경을 잘 이용해서 타인의 견해를 빨리 수용할 수가 있었기에 급속도로 발전할 수 있었다. 그러니까 우린 이런 환경을 잘 이용할 필요가 있다. 요즘은 성공하려면 다른 사람과 잘 소통하고 적합한 피드백을 빨리 주는 게 중요하다.

오늘날 같은 소비사회에서는 특히 소프트웨어 쪽이 중요한 시대에는 이미지가 중요하다. 내실만을 따지는 시대는 지났다. 우리는 내용물이 다르더라도 포장이 좋은 쪽이 더 잘 팔리는 시대에 살고 있다. 내가 이런 점을 놓치고 살았기에 원하는 것을 얻기까지 시간이 꽤 걸렸다. 왜냐하면 다른 사람에게 인정받지 못하면 아무리 뛰어난 재능이라도 없는 것과 마찬가지라는 이 중요한 진리를 깨닫지 못하고 있었기 때문이다.

모든 원인은 '자신의 이미지'(Self-image)에 있다. 인간의 뇌는 무의식중에 타인이 붙인 레이블에 반응하게 된다. 그래서 자신도 모르는 사이에 스스로가 자신에게 붙은 꼬리표에 맞춰 적응하려고 한다. 사회에 적응하면서 어느새 조건화된 틀에 맞는 모습으로 변화하게 되는 것이다.

대중이 배우들을 사랑하는 것도 그들이 보인 이미지에 열광하는 것이지 않겠나? 우리가 경험하고 있는 물질세계에서 이 법칙은 항상 작동되고 있다.

> The self-image is a premise, a base upon which your entire personality, your behavior, and even your circumstances are built. [『Psycho-Cybernetics』, Maxwell Maltz]

불안감

인간이라는 동물은 혼자서는 살아갈 수 없다. 혼자라는 말은 수적인 의미뿐만 아니라 정신적으로 타인과 연결되지 않은 상태도 포함된다. 혼자가 되면, 인간의 마음속에는 분리불안이 생기기 시작한다. 인간은 생리적 욕구보다 안정감을 느끼고자 하는 욕구가 크기 때문에 어느 집단에 소속되려고 한다.

어릴 때를 생각해 보면 이해가 쉬울 것이다. 분리불안의 원형은 아이가 어머니와 떨어졌을 때 겪는 불안이다.[4] 불안이 솟구치면 편도체는 불쾌하게 바뀐다. 인간은 종족 번식의 본능뿐 아니라 분리불안을 피하고 편도체를 유쾌한 상태로 만들고자 결혼해서 가정을 꾸민다는 설이 어느 정도 설

득력이 있어 보인다.

　뇌는 생존을 위해 세상을 왜곡한다. 혼자인 상태에서는 수비 태세를 취하게 되므로 부정적인 사고와 이미지, 그리고 부정적인 감정만 잇따라 생겨나 자기 인생을 주도할 힘이 나올 수가 없게 된다. 그렇기에 다 큰 어른도 혼자가 되면 무의식적인 불안과 공포를 느끼며 자기방어 본능을 발동시키게 된다. 자기 신뢰감을 회복하기 위해서는 자기방어 본능에서 벗어나야 한다. '~하지 않도록 해야지'라고 자기방어 본능이 강해지는 만큼 전투력을 상실하게 되면서 도전 정신은 약해지고 의욕과 기력이 떨어지게 된다. 그러면 자신을 믿을 수 없게 되고 작은 일에도 쉽게 좌절하게 되며 불안한 삶을 지속적으로 살게 된다.

　잊지 말자. 우린 이제 성인이라는 것을, 그때 분리불안에 두려워 울고 매달렸던 과거의 그 아이가 아니라 여러 시련과 고비를 넘어 여기까지 성장한 어른이 됐다는 것을! 그런 자신을 나부터가 인정해 주고 자랑스럽게 생각해야 한다. 과거 경험 때문에 초긍정적인 사고 회로가 자연스럽게 작동하지 않는 어른들은 새 이야기를 자신에게 들려주면서 자신이 바라는 미래상(미래 셀프)으로 이동하면 된다.

느끼는 게 중요하다

 무의식 세계에서의 언어는 감정이다. 보이지 않는 세계에서 신과 소통할 수 있는 언어가 감정인 것이다. 과거에는 감정을 억눌러야 하는 부분 또는 인지적 부분에 비해서 정서적 부분 역할의 중요성은 등한시해 왔다. 과학과 영성이 분리되면서 우리는 이성적으로 사고해야 한다는 교육을 받았다. 그러나 대부분의 일상은 이성만으로 컨트롤할 수 없다. 당신도 무의식적으로 폭식을 하고 충동적 소비를 한 경험이 있을 것이다. 감정을 일시적으로 억누를 수는 있겠지만, 영원히 자신의 감정을 무시할 수는 없다. 당신이 억누르고 무시했던 감정은 하나의 인격체로 당신 안에서 살아간다. 감정은 당신에게 대박이나 풍요를 가져다줄 수도 있고 반대로 한방에 당신을 나락으로 내동댕이칠 수 있는 상황을 만들 수도 있다.

인간의 뇌는 공동체의 어느 한 구성원이 느끼는 공포와 두려움이 다른 구성원에게도 즉각적으로 전달되도록 진화해 왔다. 우리의 두뇌에는 감정을 전달하는 화재경보기 역할을 하는 부분이 있다. 이것을 편도체라고 부른다. 이것은 특히 분노와 같은 정서적 자극을 감지해 다른 부분으로 전달한다. 상위 뇌로의 정보 흐름을 차단하거나 촉진하는 여과기 역할을 하므로 위협적이라고 느끼는 정보를 접하면 상위 뇌로 올라가는 통로가 막히고 생존을 담당하는 반사적 하위 뇌로 가는 통로가 열려 투쟁-도망-경직과 같은 스트레스 반응을 촉발한다.

편도체는 이처럼 감정 처리뿐만 아니라 감정이 개입된 사건에 대한 기억의 형성에도 중요한 역할을 한다. 편도체가 불쾌해지면 자기방어 본능이 작용해 두려움이나 불안과 같은 부정적인 감정이 생긴다.[5] 이 반응은 해마에 신호를 보내어 해당 사건을 더 강하게 기억하게 만든다. 그래서 밝은 미래를 그리는 게 힘들게 느껴지는 것이다.

편도체 안정

99%의 사람들은 '할 수 없다'라는 착각 속에서 평생을 살아간다고 한다.[6] 대부분 사람이 스스로 만든 '가능성의 틀' 안에 틀어박힌 채 좀처럼 인생의 목표나 꿈을 가지려 들지 않는다. 그러나 분명한 것은 1%에 속하는 소수는 남이 불가능하다고 하더라도 그들은 그들의 꿈을 끊임없이 꾼다는 것이다. 더욱이 그들은 자신의 가능성을 한시도 믿어 의심치 않는다.

신경 가소성의 사례에서도 프로 골프 선수들과 초보 선수들의 뇌 작동 방식이 전혀 다르게 나왔다. 초보 선수들의 뇌는 변연계를 포함해 여기저기 온통 활성화되는 것에 반해, 프로 선수들의 뇌는 두정엽 부위의 운동중추와 관련된 부위만 살짝 활성화되었다. 스윙하는 장면을 상상할 때, 프로 선수들의 뇌에선 부정적 감정이 거의 유발되지 않는 데 반해 초보자들의 뇌에선 여러 부정적 감정이 유발됐다고 한다.[7]

한국의 '마동석'이라는 배우는 배우가 되기 전에 직업이 헬스 트레이너였는데, 미국에 방문하는 한국 연예인들한테 자기를 영화배우 지망생이라고 소개했다. 기존 배우들은 그의 꿈을 믿지 못했을지도 모르지만, 그는 자신이 배우가 된다는 걸 믿지 않은 적이 없다고 한다. 이런 경우는 그들의 뇌에 실패의 기억 데이터가 전혀 입력되지 않거나 실패의 기억 데이터가 아무리 많이 입력돼 있어도 편도체가 태연하게 기분 좋은 상태를 유지하는 경우일 것이다. 이것이야말로 유연함에서 오는 정신적 강인함이라고 할 수 있겠다.

이렇게 어떠한 상황에서도 편도체를 기분 좋은 상태로 유지할 수 있는 사람들이 있다. 그리고 그들의 삶에는 반드시 행운이 계속해서 따라붙는다. 그렇다면 평범하다고 생각하는 우리는 어떻게 운을 우리에게 유리한 방향으로 바꿀 수 있을까? 답은 간단하다. 흉내를 내면 된다. 우리의 편도체는 단순해서 입력하는 데이터를 조금만 바꿔 주면 금방 착각에 빠져 버린다. 자신의 감정을 잘 다룰 수 있으면, 인간관계를 잘 다스릴 수 있고 나아가 인생도 잘 풀리게 된다.

좋은 기분을 유지하는 방법 중 감사 일기를 권하는 것을 들어봤을 것이다. 이것은 감사할 때 에너지가 높아지기 때문이다. 주어진 일에 감사하고 지금 가진 행복에 집중하면 끌어당기는 힘이 강해질 수 있다. 소망을 현실에서 이루려고 할 때, 그것을 일상에서 행동력으로 발휘하기까지 고도의 에너지가 필요하다는 것을 체험했을 것이다. 그래서 깨달은 것을 즉시 실천해야 그 몰입 상태를 유지할 수 있다. 집중할 수 있는 환경을 만드는 게 장시간 집중력을 유지할 수 있기에 자신에게 기분 좋게 하는 분위기를 제공하는 장소를 찾는 걸 추천한다.

다행스럽게도, 우리의 뇌에는 진실이든 혹은 거짓이든 입력된 이미지에 따라 그 이미지를 실현하는 프로그램이 깔려 있다. 따라서 거짓말도 일종의 이미지트레이닝 도구로 활용할 수 있다. 한 번의 거짓말은 거짓말로 끝나지만 백 번 이상 반복한 거짓말은 어느새 당신의 세계에서 진실이 되어 있을 것이다. 리프로그램(reprogramming)을 하는 것이다.

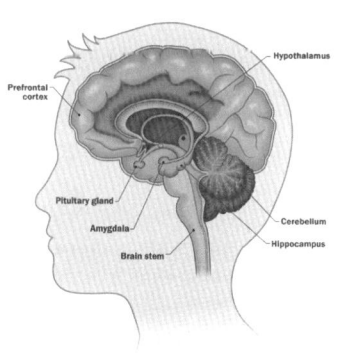

출처: Johns Hopkins Medicine

Prefrontal cortex: 전두엽 피질	Pituitary gland: 뇌하수체
Amygdala: 편도체	Hypothalamus: 시상하부
Cerebellum: 소뇌	Hippocampus: 해마

그러니 올라오는 당신의 감정을 GPS로 사용하길 바란다. 기분이 좋지 않다면, 당신의 소망 성취의 트랙에서 벗어나고 있다는 걸 알아차리면 된다. 두려움이 올라온다면, 과거의 패턴들이 만들어낸 정체성이 잔류하려고 발악하는 것이다. 그런 감정을 억제하거나 없애려고 에너지를 소모하는 것이 아니라 그저 그 감정을 인정해 주면 된다. 그리고 당신이 어떤 것을 열망할 때, 당신의 기분을 좋게 만드는 것만 그리고 기분이 좋을 때까지만 상상하면 된다.

Gratitude is a beautiful word. It is beautiful because it describes a state of mind that is deeply spiritual in nature. It enhances one's personality with magnetic charm, and it is the master key that opens the door to the magic powers and the beauty of Infinite intelligence. [Napoleon Hill]

NOTE

주요 학계에서의 가르침과 달리, 나는 마음이 뇌라고 생각하지는 않는다. 두뇌가 생산자(producer) 역할을 한다기보다 수신자(receiver)나 필터(filter) 역할을 한다고 생각한다. 커피를 내려보면 커피 필터에 따라 커피가 잘 내려지고 커피 맛도 다르다. 물론 두뇌는 생각(상상)을 물질화시키는 데 매우 중요한 역할을 하므로 두뇌의 세부적인 기능에 대해 알아보는 것은 의미가 있다. 그러나 커피 필터가 아무리 좋은 기능을 하더라도 커피와 동일하다고 말할 수는 없다.

사랑으로부터 시작된 꿈

 이대로 살아온 것처럼 계속 살아갈 것인가? 자기 삶의 주도권을 장악할 것인지 결정해야 할 때이다. 적어도 나는 그렇다. 관리자가 집주인 행세를 하는 걸 언제까지 보고 있을 건가? 인생에서 실현해야 할 목표를 가지고 날마다 그것을 의식하며 적극적으로 살아가는 사람은 얼마 되지 않는다. 대부분 꿈도 목표도 상실한 채 흐르는 세월에 실려 자신도 알 수 없는 곳으로 그저 흘러가고 있다. 이제 자신의 인생에 주도권을 되찾아야 할 때이다.
 당신이 과거에는 자신만을 위한 삶을 목표로 삼았다면, 그 경험을 통해 이제는 타인의 행복을 위해서 목표를 확장할 수 있을 것이다. 당신 안의 사랑을 찾으면, 사랑하는 사람을 위해서 꿈을 실행에 옮길 힘이 생긴다. 부모를 생각하면 부모를 행복하게 할 꿈이 생기고 연인을 생각하면 두 사람의 꿈이 생기기 마련이다. 연인 사이에 장래의 꿈이 생기는 것은 상대방을 생각하는 사랑이 있기 때문이다. 사랑은 '편도체'를 기분 좋게 만들고, 뇌에 긍정적인 미래를 그리게 한다.

왜 혼자서는 계속 꿈을 가질 수 없는 것일까? 사람은 논리 뇌(대뇌 신피질)가 아닌 감정 뇌(대뇌변연계)로 꿈꾸기 때문이다.[8] 감정 뇌에 사랑이 넘쳐 편도체가 기분 좋은 상태일 때는 신나고 즐거운 미래를 상상할 수 있다. 그러나 혼자가 되면 분리불안이라는 인류 공통의 트라우마가 스멀스멀 올라오기 시작한다. 분리불안이 살아나면 편도체가 곧바로 불쾌한 상태로 바뀌어 자기방어 본능이 작동함에 따라 부정적인 사고, 부정적인 이미지, 부정적인 감정이 되면서 꿈이 신기루처럼 사라진다. 부정적인 감정의 꿈, 부정적인 이미지의 목표 등은 애당초 어디에도 존재하지 않는다. 결국 계속 꿈꾸는 비결은 자기 이외 누군가의 행복을 바라는 마음에 있다.

사람들은 본능적으로 나를 행복하게 해주는 사람을 좋아하고 따르게 되어 있다.[9] 요즘 시대에는 진정으로 다른 사람의 행복을 바라는 마음이 없다면, 소비자의 감성을 사로잡는 상품의 개발은 어렵다. 우리는 꿈과 사랑, 그리고 진실한 마음이 없으면 상품이 지속적으로 팔리지 않는 시대에 살고 있다.

일단 100일 정도 동기부여를 유지할 수 있다면, 당신도 성공할 수 있다. 어떻게든 꿈과 소망을 실현하고자 하는 천재들은 도무지 환경에 순응하지 못하고 도전을 계속한다. 보통 사람과 천재가 가지는 동기부여의 차이는 알고 보면 '본능'의 차이에서 비롯된다. 자기방어 본능에 따라 환경에 순응하는가, 투쟁 본능에 의해 철저하게 도전해 버리는가의 차이에서 나오는 것이다. 우리 대부분의 과거는 실패의 연속이라고 말할 수 있다. 당연히 기억장치에는 '할 수 없었던' 데이터만 가득 차 있다. 따라서 논리 뇌의 분석을 그대로 받아들이는 한, '~하지 않도록'이라는 자기방어적 자세가 되지 않을 수 없다. 그러므로 역으로 감정 뇌를 자극해 투쟁심을 높이면 우리들도 성공한 사람들처럼 자신의 목표에 지속적으로 에너지를 보낼 수 있다.

영원히 살 것처럼 꿈꾸고

오늘 죽을 것처럼 살아라. [제임스 딘]

제3장

해석하는 나

어떤 소망이 주어질 때는
그 소망이 이루어질 가능성도
함께 주어진다.
[리처드 버크]

절대적 애정의 힘

 효도하고 싶을 때 부모는 없다는 말이 있듯, 부모의 애정을 자녀가 진정으로 이해하는 때는 벌써 그들이 세상을 떠난 후가 된다. 절대적인 사랑을 되갚으려 해도 이미 때는 늦은 것이다. 당신은 '자신을 사랑해 주는 사람을 위해서 성공한다.'라는 말에 동의할 수 있는가? 인간은 자신을 위해서 강해질 수 없더라도 다른 사람을 위해서는 강해질 수 있기에, 사랑하는 존재가 있다면, 성공할 가능성이 높아질 수 있다. 그러니 성공을 위해서 사랑을 미루지 말고, 오히려 성공하고 싶으면 사랑해야 한다.

 나의 수호천사가 사람으로 변신했다면 그게 나의 엄마가 아닐까 싶다. 나보다 체구가 더 작은 사람이 어떻게 그렇게 살아 낼 수 있었을까? 엄마라는 존재는 초인의 힘을 발휘할 수 있다는 걸 어린 시절 목격했다. 갑작스럽게 엄마는 혼자서 가장 역할까지 해야 했었는데 불구하고 형편이 좋지 않은 아이의 반찬을 해 주시기도 했다. 그 당시 하루 종일 일하고 돌아오는 엄마를 기다리면서 내가 할 수 있는 건 쌀을 씻어서 밥을 지어 놓는 것밖에 없었다. 나는 말썽 피우지 않고 누군가에게 손가락질 받을 행동은 하지 않으면서 얌전히 지내야 한다는 걸 그때부터 생각했었던 것 같다.

남의 신세를 지지 않으려고 안간힘을 쓰며 살아온 울 엄마를 위해 이제 내가 그녀의 수호천사가 될 차례다. 이제는 내가 그런 힘이 있다는 걸 안다.

Life does not care whether you call yourself rich or poor, strong or weak. It will eternally reward you with that which you claim as true of yourself. [『At Your Command』, Neville Goddard]

자신의 존재 인정

우리는 로봇이 아니라 타인과 상호작용을 하면서 살아가는 사회적 동물이다. 그러기에 나를 지지하는 한 사람만 있어도 당신은 살아 낼 수 있고 나아가 성공할 수 있다. 사람이 자신의 존재가치와 의미를 느끼는 것은 타인에게 인정받았을 때이다. '나'의 성공을 자기 일처럼 기뻐해 주는 사람 혹은 나의 실패를 자기 일처럼 슬퍼하고 위로해 주는 사람이 없다고 느낄 때 인간은 누구나 자신의 존재가치를 상실하게 된다. 아이, 어른 상관없이 자신의 존재를 인정해 주는 사람이 우리의 인생 여정에 매우 중요한 역할을 한다.

칭찬을 받으면 에너지가 계속 채워지게 된다. 그래서 자신을 칭찬해야 한다. 스스로가 좋아지고 자신감이 생기면서 아우라(Aura)도 커지는 효과가 나타나게 된다. 에너지가 흘러넘치면 다른 사람들은 그 아우라에 매료되게 되고 거기서 좋은 인연도 끌어당길 수 있는 것이다. 얼굴이 예쁘지 않아도 매력적인 사람들이 있다. 그런 매력은 그 사람의 에너지에서 풍기는 것이다.

  학창 시절에 그런 친구가 있었다. 그 친구는 소위 부러워하는 몸매나 미모는 아니었지만, 항상 자신감 넘치는 모습이어서 예뻐 보였다. 반면 성격도 좋고 실력도 있는데 제대로 평가받지 못하는 친구처럼 인생이 잘 안 풀리는 사람들은 자신을 칭찬하는 데 너무 인색하다. 그들은 타인이 칭찬하는 것도 인정하지 않는다. 자신의 장점보다는 단점이나 부족한 부분에만 신경이 쏠려서 여유가 없고 늘 에너지가 부족하다. 그러면 실제로 자신이 지닌 실력을 제대로 발휘하지 못하게 된다. 한국 사회 안에는 겸손해야 하고 나대지 말아야 한다는 사회적 암묵적 규범이 있기 때문에 대부분의 사람이 자신의 장점을 드러내기보다는 무시하고 스스로를 저평가하는 데 익숙해져 있다.

장점에 집중

당신이 부모라면 아니 당신이 부모가 아니어도 당신의 어렸을 때를 떠올려 보면, '모든 어린이는 천재다'라는 말에 공감할 것이다. 아이들은 실패한 경험이 없어서, 실패의 기억 데이터가 그들의 뇌에 거의 입력되지 않은 상태다. 또한 사회에서 제시하는 제한 신념에 아직 노출되지 않았기에, 그들에게는 '되고 싶은 것'이 곧 '될 수 있는 것'이며, '하고 싶은 일'이 곧 '할 수 있는 일'이 된다. 그들은 두려움에 개의치 않고, 천재만이 가능한 초긍정적인 사고라는 것을 할 수 있다.

인간이라면 누구든지 '가치 있는 존재'라는 기분을 느끼고 싶어 한다. 이러한 자존감이 부족하면 살아가면서 자꾸 고꾸라지게 된다. 자존감은 마음속에 존재하는 것이라서 자기 자신이 스스로 채울 수밖에 없다. 대부분 타인에게 인정받아야 하는 사회 시스템 안에 살아왔기에, 내가 나를 돌보는 기본기를 다지는 훈련을 할 기회가 없었을 거다. 이제부터라도 자신을 칭찬하는 말 습관을 키워야 한다. 자신에게 힘이 되는 긍정적인 말하기 습관으로 에너지를 채우고 아우라를 높이면 인생이 잘 풀릴 수 있다.

사람뿐만이 아니라 생명이 있는 모든 것은 성장한다. 우리의 육체적인 성장에는 한계가 존재하지만 영혼의 성장에는 한계가 없다. [『괜찮아, 분명 다 잘될 거야!』, 사이토 히토리]

그냥 해 보자

나의 판단이 개입되어 비루한 모습이 싫어서 모든 걸 포기하고 싶었을 때가 있었다. 세상 여파에 휩쓸려 떠내려가기도 하고 바닥을 치다 못해 바닥을 뚫고 지하 벙커 밑으로 한없이 추락한 적도 있었다. 그러다 2019년에 『시크릿을 깨닫다』라는 책을 접하고 본격적으로 마음공부를 다시 시작하게 됐다. 내가 대학원에서 흥미로워했던 분야도 The Self/Identity에 관한 것이었다. 그때는 몰랐지만, 지금에 와서 보니, 내가 그동안 찍었던 점들이 하나하나 연결되고 있었다.

과거에 내가 마음공부를 너무 어렵게 생각했는지도 모르겠다. 분별 세상에서 통용되는 이성/논리적 사고방식에 길들여 있었고, 과학적으로 증명할 수 없는 것은 미신으로 취급했다. 다른 접근 방식이 필요했었는데 '모르겠다'라는 생각에만 사로잡혀 있었다.

'힘들게' 시작한 일은 아무리 상황이 잘 돌아가도 결국 힘든 상황으로 끝을 맺게 되는 것 같다. 그러니, 자신의 기준을 좀 낮출 필요가 있다. 한국과 일본은 모든 것에 완벽을 요구하는 문화를 가지고 있어서, 많은 이들이 시도도 하지 못하고 주저앉는 경우가 있다.

우선 모든 일의 최고점은 70점 정도로 생각하고 시작하자. 처음부터 잘하겠다는 다짐은 하지 않는 게 낫다. '잘해야지'라고 마음을 먹는 순간 몸에 힘이 들어가고 실패할 것을 미리 걱정하면 긴장하게 돼 실력 발휘를 할 수가 없게 된다. 먼저 실행하다 보면 거기서 배우는 게 있고 자기 결단력과 실행력에 자신감이 붙게 된다. 익숙해져서 잘하게 되면 그 일을 즐기게 될 수 있게 된다. 즐기면서 하면 또 경지에 오를 수 있게 된다. 내 경우에는, 너무 잘하려고 애쓰는 대신 처음 시작은 '까짓것, 그냥 해 보자'라는 느낌으로 했던 게 효과적이었다.

난 당신이 포기하지 않길 바란다. 막다른 골목에 맞닿았다고 생각한다면, 지금이야말로 그곳을 지나 저편에 당신이 원하는 세상이 당신을 기다리고 있는 걸 확신하고 느낄 수 있길 바란다. 이것이 앎이다. 당신이 꿈꾸는 세상에 한 발짝 더 가깝게 다가갈 것인지 아니면 멀어질지는 지금 당신의 행동에 달렸다.

>For surely, I know the plans I have for you, says the Lord, plans for your welfare and not for harm, to give you a future with hope. [Jeremiah 29:11]

존재 자체가 의미다

  신념이 무엇이라고 생각하는가? 신념도 하나의 생각에서 출발했다. 그 생각을 쭉 계속하다 보면, 생각의 자리에 길이 생기고 믿음이 싹트기 시작한다. 자신이 믿는 대로 행동하면 그곳에 정체성이 형성되고 감정을 수반한 확신은 앎으로 옮겨진다.

  당신은 '당신의 존재(Being) 자체가 의미가 있다'라는 이 말을 받아들일 수 있는가? 이것은 풍요를 누려야 하는 권리와 같이 당신이 누려야 할 권리다. 이 하나의 이유만으로도 인간은 불행한 상태에 자기를 방치하면 안 된다. 그러니 지금 주어진 환경에서 행복해지면 그만이다. 희로애락을 다 느껴 볼 수 있는 삶이 주어졌는데도 불구하고 우리가 인생은 '고'라는 관념을 너무 떠받들어서, 인생을 꼬아 버리기 시작하게 됐는지도 모르겠다. 이제부터라도 당신이 소속된 사회가 만든 프레임의 하나라고 알아차리고, 꼬인 실타래를 풀면 그만이다.

  주위를 둘러보면 풍요가 사방에 널렸다.

  지금 당장 여기서 당신은 행복해질 수 있다.

  지금 이대로 충분하다!

보이는 세계와 보이지 않는 세계

The fruit of the Spirit is love, joy, peace, patience, kindness, generosity, faithfulness, gentleness, self-control [Galatians 5:22–23]

이 세상의 구성을 단순화시켜서 본다면, 거시(보이는) 세계와 미시(보이지 않는) 세계로 나눌 수 있다. 이것은 마음공부를 해 온 독자라면 많이 들어보았을 것이다. 우리에게 보이는 세계는 육체가 될 수 있고, 보이지 않는 세계는 마음 또는 감정일 것이다. 물질세계는 질량의 식으로 표현할 수 있고, 정신세계에는 주파수의 식으로 표현할 수 있다. 우리가 흔히 말하는 '기'가 해당할 것이다. 우주에서 과학으로 해

명된 부분은 단 5%뿐이다. 우주는 대부분 빛에 반사되지 않은, 보이지 않는 물질과 보이지 않는 에너지로 구성돼 있다. 남은 95%는 아직 해명되지 않았다.[10]

만유인력의 법칙에 따르면 모든 물질은 질량이 있는 한 서로 눈에 보이지 않는 인력으로 끌어당긴다. 그러므로 눈으로 관찰할 수 없다고 하더라도 존재의 여부를 부인할 수는 없다. 일반적으로, 사람은 보이는 것만 믿는 경향이 있지만 우주물리학의 관점이나 전자기파의 관점에서는 보인다는 것은 아주 일부일 뿐이다. 흔히 사용하는 리모컨은 적외선을 통해서 통신 수단으로 사용되고 있다. 피부가 타는 원인이 되는 자외선처럼 보이지 않지만, 우리는 일상에서 그것을 쉽게 접하고 있다.

아인슈타인의 특수상대성이론, $E = mc^2$에서 보여 주듯 에너지가 있는 것은 물질로 변환할 수 있고, 물질은 에너지로 변환할 수 있다. [E는 에너지(Energy), m(Mass)은 물질의 질량, c는 빛의 속도(Constant-the speed of light)][11]

우리 인간은 가시광선 외의 주파수를 갖는 전자기파 에너지를 볼 수 없다. 그러나 뱀은 적외선을 보고, 곤충은 자외선을 본다. 이는 같은 생물이라도 보이는 세계가 완전히 다르다는 말이다. 우리는 대부분이 눈에 보이지 않는 전자기파의 에너지 속에서 살고 있다. 1923년 미국의 물리학자 아서 콤프턴(Arthur Compton)이 빛의 금속에 닿을 때 방출되는 콤프턴 효과에 의한 에너지 식에서 빛의 입자성을 증명했다. 빛의 입자가 금속에 닿아 방출되는 에너지양은 다음 식으로 나타난다.[12]

$E = h\nu$ [E는 에너지(energy), h는 플랑크 상수(continuing factor), v는 주파수(frequency)]

눈에 보이지 않는 세계는 이 에너지와 주파수의 관계식으로 표현할 수 있다. 눈에 보이지 않는 세계에서 X선과 적외선, 자외선과 같은 전자파는 실체가 없어서 파동과 같은 성질을 가지며, 주파수로 표현할 수 있다. 주파수란, 1초 동안 파동이 진동하는 횟수를 뜻하며 진동수라고 한다. 진동수나 주파수가 높을수록 에너지가 높고, 진동수나 주파수가 낮을수록 에너지가 낮다는 것을 알 수 있다.

파동이 바뀌면 현실이 바뀔 수 있기에 영성가들이 주파수를 높여야 한다고 말하는 것이다. 내가 상상한 것을 현실로 만드는 과정에서 간과하지 말아야 할 것은 중요성에서 벗어나야 한다는 것이다. 일의 중요성을 생각하다 보면 잘 해야 한다고 의식하게 된다. 그러면 몸에 힘이 들어가게 된다. 몸이 경직되면 잘하게 되는 것이 아니라 부자연스러운 행동이 나오게 된다.

또한 중요성에 사로잡히다 보면 완벽함에 집착하게 될 수 있으므로 무언가를 시작할 때는 즐거운 마음으로 가볍게 생각하는 것이 좋다. 여기서 말하는 중요성의 정도는 다이소에서 물건을 고를 때 아니면 서점에서 책을 고를 때 정도로 감을 잡으면 될 것 같다. 감정적으로 느긋한 상태일 때 효과적이기 때문이다. 그래야 상상 이상으로 삶이 펼쳐질 수 있다.

상상한 것을 현실 세계로 데려오기까지 거기에는 시간 차가 존재한다. 걸리는 시간 차를 줄이기 위해서 말의 힘을 빌리는 것도 좋은 방법이다. 양자역학에서 소립자는 관측되지 않으면 파동의 성질을 띠고, 누군가에게 관측되면 입자성을 띤다는 것을 보여 줬다. 파동 상태인 눈에 보이지 않는 이미지를 입자로 변환하면 현실화가 될 수 있기에 우리는 이 원리를 이용하면 된다. 즉 이미지나 생각을 언어화하면 타인으로부터 관찰되기 좋은 상태가 되고, 그에 따라 현실화하기 수월해질 수 있다.

신약성서의 요한복음서에도 "태초에 말씀이 계시니라."라는 구절이 있듯, 언어에는 무엇인가를 만들어 내는 힘이 분명 있다. 성공한 사람들이 실천하는 습관 중 하나가 종이에 꿈이나 목표를 쓰는 것이다. 김승호 회장은 사장 수업에서 목표 달성을 위한 '100번 쓰기'를 권하기로 유명하다. 종이에 쓰는 행동을 통해 막연했던 이상의 이미지가 명확해지면서 당신의 꿈이 파동에서 입자로 바뀌고 의식의 채널이 꿈이나 목표에 맞춰지기 때문에 이 방법으로 당신의 소망을 현실화시킬 수 있다.

다시 강조하면, 말에는 에너지가 있고, 그 에너지의 주파수에 맞게 잠재의식에 그 말이 입력된다. '끌어당김의 법칙'에 따라 같은 파장을 가진 것은 서로 끌어당기므로 소원이 달성되는 것이다. 이때 타인의 욕망이 아니라 당신의 영혼이 원하는 바를 명확하게 언어화하는 작업이 필요하다.

여기서 느낌 없이 하는 반복적인 확언은 당신의 소망을 현실 세계로 불러올 수 없다는 것을 명심하자. 영혼은 느낌과 함께하는 생각만을 알아볼 수 있다.

신과의 의사소통인 감정의 힘은 엄청나다.

Attention is energy.

Emotion is energy in motion. [Neale Donald Walsch]

확언하는 방법에 대해 구체적으로 제시하면 이렇다. 꿈 목록을 쓸 때는 기한을 명시하고 긍정형 그리고 완료형으로 쓴다. 어퍼메이션(Affirmation)을 소리 내어 말하고 평소에 사용하는 말을 긍정적인 어휘로 바꾼다. 여기서, 자기가 그 말을 진심으로 믿어야 발산하는 주파수나 파동이 바뀌고 그 파동과 공명해 끌어당기는 것이 바뀐다. 이미 달성한 상태를 쓰면 그 주파수와 공명해 꿈이 실현된 상태를 끌어당길 수 있다. 그리고 그 목표를 쓸 때는 소원은 당연히 실현된다는 '느낌'이 있어야 한다.

만약 상상한 대로 일이 되지 않았을 때, 걱정과 불운을 끊어 버리기 위해서 '완전 딱이다! 왜냐하면~' 그 이유를 찾아 보는 연습을 해 보는 것도 좋은 방법이다. 두뇌가 그 이유를 찾을 것이다. 긍정적 바이브에 머물러야 집착하지 않고 즐길 수 있기에 꿈을 이룰 수 있게 된다.

일상에서 어떤 상황에서도 사용할 수 있는 확언을 소개해 보면 이렇다.

"침착하고 차분하게,

즐거운 마음으로,

나는 할 수 있다. 아자아자."

"Everything always works out for me."

* 주파수와 파동 개념의 이해를 돕기 위해서 니콜라 테슬라의 3가지 I를 참조하기 바란다.[13]

⟨Nikola Tesla's I³⟩

Frequency=Information (I¹)

What do we focus on right now?

Ex.) We perceive a song on the radio!

Vibration=Interpretation (I²)

What are our thoughts and feelings about it?

Ex.) The song on the radio feels good!

Energy=Intensity (I³)

How long and strong are our thoughts and feelings?

Ex.) We hum along and linger in the song!

───── 주의 사항

당신은 걱정하는 것이 생각하는 것이라고 착각하고 살아왔을지도 모른다. 여기서 말하는 생각은 자신이 원하는 것을 의도적으로 의식하는 것이다. 걱정은 더 많은 걱정거리를 끌어당긴다는 것을 당신도 경험했을 것이다.

당신이 어떤 상품을 주문했을 때, 배송이 도착하지 않을 것을 미리 걱정해 안달복달하지 않듯, 주문한 건 도착한다는 걸 알기에 편안한 마음으로 기다리면 된다. 빠른 배송과 일반 배송의 차이만 있을 뿐이다.

무의식 수준에서 꿈과 목표가 달성되는 일이 당연하게 느껴지는 상태가 되면, 어퍼메이션을 계속 낭독할 필요는 없다. 마지막으로 기한까지 바라던 바가 이뤄지지 않았다면, 더 좋은 일이 일어난다고 생각해야 이룰 수 있다.

내 언어의 한계가 내 세계의 한계다. [루드비히 비트겐슈타인]

지금, 이 순간의 선택

 이제 당신은 자신이 믿는 사고방식과 철학에 따라 보이는 세계가 다르게 보인다는 것을 인정할 수 있을 것이다. 우주는 한 개가 아니라 각자의 마음속에서 생각하는 여러 우주(YOUniverse)가 있기에 우린 80억 개의 우주에 살고 있다고 말할 수 있다. 당신이 어떤 한계를 생각하면 그 현상은 적어도 당신이 소속된 세계에서는 맞는 말이다.

 인생은 선택의 연속이므로 무엇을 선택할지 어떤 행동을 할지는 지금 정하면 바꿀 수 있다. 과거의 연장선 위에 미래가 있는 것이 아니기 때문이다. 다른 말로 하자면, 과거-현재-미래로 시간이 존재하는 게 아니다. 인생에는 무한한 가능성이 있고, 어떤 미래도 만들 수 있다는 걸 당신이 받아들이기를 바란다. 지금 자신이 어려운 상황에 있다고 해도 미래는 얼마든지 바뀔 수 있다. 사실 모든 상황은 중립적이다. 당신이 그 상황에 의미를 부여하기 전까지 말이다.

그러니 지금, 이 순간에 운명을 바꾸는 행동을 얼마나 하는가, 그것만이 중요할 뿐이다. 우리는 물질세계에 살고 있기 때문에 액션(Action)이 수반돼야 한다. 나도 안개 속을 걷는 것같이 앞이 안 보이고 막막한 시간을 보낸 적이 있고 삽질만 하다 내 청춘을 다 흘려보낸 게 아닌가 의구심이 들 때도 있었다. 그러나 내가 그런 경험이 없었다면 이렇게 당신에게 '당신은 무한한 가능성이 있는 존재'라고 자신 있게 말할 수 없었을 것이다.

당신은 당신의 인생이 잘 풀리지 않고 있는 이유를 과거의 사건이나 환경, 부모님이나 조상님 나아가 전생 탓으로 돌리고 있지는 않나? 그 생각의 고리를 끊어야 한다. 과거가 어떻든지 지금 여기서 결단을 내리고 선택하면 인생은 어떻게든 바뀌는 물살을 타게 돼 있다. 물때와 자신의 때만 맞으면 세상 여파 속에서도 성공적으로 서핑을 즐길 수 있을 것이다.

여기서 당신이 '말하긴 쉽고 행동이 어려운 게 문제'라고 반박하고 싶다면. 당신의 말에 동의한다. 생각과 말 그리고 행동이 불일치해서 당신은 상상한 대로 살지 못한 것이다.

신기한 말을 하는 것이 귀함이 아니라 실행함이 귀하다. [이태백]

이처럼 '말은 쉽고 행동은 어렵다'라는 말은 우리가 일상에서 흔히 접할 수 있다. 앞에서 말했듯, 사고, 언어, 행동 중에서 행동이 가장 에너지가 높기 때문이다. 에너지의 집중도가 높아야 파장이 일치해서 입자가 물질화될 수 있다.

당신이 짧은 시간 안에 빠른 속도로 꿈을 이루고 싶다면, 레이저 광선처럼 사고하는 에너지의 주파수, 언어 에너지의 주파수, 행동 에너지의 주파수를 **모두 일치**시켜야 한다.[14] 주위에 있는 행동력이 있는 사람들을 살펴보면, 행동력이 있는 사람들에게서 움직이는 속도가 빠르고 에너지가 높은 걸 발견할 수 있다. 그래서 에너지가 높은 사람일수록 현실화하는 힘이 있고, 그 꿈을 실현해 갈 수 있다.

당신은 언제 가장 행복감을 느끼는가? 나의 경우에 몰입 상태에 있을 때가 가장 행복하다. 그 상태는 긍정적 사고보다 더 에너지가 높기 때문이다. 사고가 중립적이면 고정관념이나 상식에 얽매이지 않고, 만사를 멀리서 조망하듯이 내려다볼 수 있어 심리적으로 차분하고 안정된 상태가 된다. 당신이 존(Zone) 상태에 머물러 본 경험이 있으면 이게 무슨 말인지 금방 이해할 수 있을 것이다.

착각도 생각의 형태

 당신은 어떤 사람에게 호감이 가는가? 나의 경우는, 자신의 약점을 숨기지도, 부끄러워하지도 않고 솔직히 인정하는 사람이다. 약점은 감출수록 더욱 자신을 구속한다. 인생 중수는 숨김없이 드러내는 데에서 그치지 않고 그것을 자랑해 버려서 약점을 강점으로 만든다. 더 나아가 고수는 자신의 단점을 농담거리로 삼으면서 상대에게 호감과 친근감을 느끼게 한다.

 단점이나 약점, 장점, 강점 등은 어차피 뇌의 조건화에 지나지 않는다. 뇌에서 일으키는 착각이다. 착각이기 때문에 얼마든지 우리가 그 가치를 전환할 수 있다. 나는 과거 나의 단점을 어떻게든 감추려고 필사적으로 노력하는 사람 중 하나였다. 이런 노력은 열매를 맺지 못하고 삶이 피곤해진다. 고칠 수 없는 것을 고치려고 아까운 시간을 낭비할 필요는 없다.

단점에 치중하는 게 개개인의 문제만은 아니다. 우리는 어떤 면에서 앞서갈 것인가보다는 어느 면에서든 뒤지지 말아야 한다는 강박관념에 사로잡히도록 교육받았다. 그러므로 끊임없이 자신의 부족한 점, 약점만을 들여다보도록 세뇌되었다. 학교 다닐 때는 어떤 과목을 못 하는가에 집중하고, 성인이 되어서도 자신의 부족한 부분을 채워야 한다는 강박관념에 시달린다. 한국의 학교 교육은 창의적이고 다양한 능력을 지닌 어린이를 틀에 박힌 사고를 지니고, 열등감에 사로잡힌 어른들로 키워 낸다.[15]

특히, 우리나라 여성들은 자신의 강점을 키워야 한다는 교육을 가정에서나 학교에서 받을 기회가 많지 않았다. 여자는 그저 큰 흠 없이 성장하도록 강요받았다. 나 때만 해도 비판적이고 부정적인 시선으로 자기 자신을 돌아볼 것을 요구하는 교육을 받았다. 나는 한국에 방문했을 때 남자 선배로부터 턱을 깎으면 인상이 강하지 않아 보여서 남자들에게 인기가 많을 것이라는 조언을 들었던 적이 있다. 예전의 나였으면, 그런 조언에 엄청 불쾌했을지도 모르겠지만, '감사하지만 지금 내 모습에 만족한다'라고 말했다. 실제로 난 뾰족한 브이(V)라인 턱보다는 내 턱이 좋다.

그러나 당신의 단점 때문에 편도체가 불쾌감을 느낀다면, 그것은 문제가 된다. 스스로에 대해 긍정적인 감정을 가질 수 없는 사람에게는 좋은 일이 생길 리가 없기 때문이다. 다행히 가치관을 조금만 바꾸면 편도체가 느끼는 쾌감과 불쾌감은 금방 뒤바뀔 수 있다.[16]

> 당신의 생각, 말, 행동 즉 이 3가지가 조화를 이룰 때 비로소 행복은 당신의 것이다. [마하트마 간디]

제4장

이야기하는 나

실패는 실패의 어머니이고
성공은 성공의 어머니다.
꽃 피워라. 그것도 찬란하게!

나는 무엇인가?

 많은 이들이 마음속에 벽을 가지고 있다. 과거의 기억에서 만들어진 '마음의 벽'이 눈앞을 가로막고 있기 때문에 부자가 되고 싶거나 사랑받는 사람이 되고 싶어도 자기도 모르게 과거 이야기에 잠식돼 버린다.

 그만큼 자기 자신에게 가혹하게 굴었으면 됐다. 못나고 못되게 굴었던 당신을 이제는 용서할 때다. 과거 패턴에서 벗어나 당신은 새로운 이야기를 만들어 낼 용기를 내야 한다.

 당신만의 자기 개념(Self-concept)이 필요하다. 당신이 어떤 사람인지 정의를 내릴 수 있나? 자신과의 소통이 잘 돼야 당신의 고유성을 알아볼 수 있고, 당신만의 정의를 내릴 수 있다. 김주환 교수에 따르면, 자아는 자기 자신과 타인에 대한 정보를 처리하며 끊임없이 소통한다고 한다. 나에 대해 다른 사람들이 어떻게 생각할 것이라고 내가 상상하는 것들의 합이 곧 나 자신인 것이다. 대개 다른 사람들이 나에 대해 어떤 이야기를 하는가에 대한 내 생각이 나의 내면 소통에 반영되는데 세상에서 살아가면서 내가 알게 되고 만나게 되는 모든 사람과의 관계에서 얻어진 습관적인 내면 소통이 곧 '나'라는 개념을 결정한다. 내가 생각하는 타인의 개념이 자아 개념을 결정한다는 것을 의미한다.[17]

또한 나의 내면 소통은 타인과의 관계에 투영된다. 주변 사람을 깔보는 사람은 스스로 자기 자신을 비하하고 비난하는 경향도 두드러진다. 타인을 사랑하지 못하는 사람은 자기 자신도 사랑하지 못한다.

자아의 세 가지 범주를 살펴보자.

기억 자아(remembering self/separate self): 일상생활에서 '나'라고 칭하는 것이다. 다른 사람과의 구분과 비교를 통해서만 존재하는 '나'다.

경험 자아(experiencing self): 지금 특정한 경험을 하는 '자아'다. 현재의 행복감이나 고통을 경험하는 자아가 경험

자아라고 할 수 있다.

배경 자아(background self): 일반적으로 말하는 주시자가 여기에 속한다. 알아차림의 주체일 뿐 대상이 아니다.[18]

사서까지 고생할 필요는 없다

 나는 당신이 굳이 사서 고생하지는 않길 바란다. 너무 가난한 생활에 적응되면 그곳이 당신의 안전지대가 될 수 있으므로 조심해야 한다. 인간은 결핍에 익숙해져 안정감을 느낄 수도 있다. 가난이 지긋지긋한데, 거기에 또 적응하고 그것을 감내하면서 살다 보면 이게 그냥 내 삶이겠거니 수긍하면서 살게 된다. 문제는 결핍 상태에 계속 머물러 있으면, 생존 모드가 작동된다는 것이다. 그런 상태에서는 에너지가 충만해질 수 없고 신명 나는 일을 경험할 수 없다. 그러니 깨어 있어야 한다. 이제 걱정이 아닌 자신이 원하는 것을 생각하면서 살아야 한다. 그렇지 않으면 세상에 질질 끌려다니면서 어정쩡하게 살다가 후회하면서 마지막 날을 맞이할 수 있다.

  태어났을 때의 주어진 권리를 다시 찾아야 한다. 우리 모두 본래의 가치가 있지 않으면 세상에 등장하지도 않았다는 것을 알아야 한다. 자연의 섭리가 그렇다. 쓸데없는 것이 이곳에 우연의 일치로 생성되지는 않는다. 자신의 존귀함을 먼저 알아야, 과거 가난의 경험에서 배울 점은 배우고 다가올 부의 경험도 기꺼이 받아들일 수 있다.

> There is no need to learn through pain… You are not a happy learner yet because you still remain uncertain that vision gives you more than judgment does, and you have learned that both you cannot have. [『A Course in Miracles』, Helen Schucman]

NOTE

시간의 흐름은 물리적 현상이라기보다 생물학적 현상이다. 근본적으로, 그것은 우리 의식이 만들어 낸 창조물이라고 한다. 시간의 흐름이 '상대적'이라는 것은 단순히 느껴지는 것이 아니

라 객관적으로도 그렇다. 속도가 빨라지면 시간의 흐름은 느려진다.[19]

* 시간의 개념에 대해서 자세히 공부하고 싶다면, 『시간은 흐르지 않는다』를 읽어 보는 걸 추천한다.
* 나는 의식이 두뇌에 있다고는 생각하지 않는다. 두뇌(한 개체)는 수신자로서 의식의 필터(filter)나 대시보드(dashboard) 역할을 적극적으로 하고 있을 뿐이지, 의식은 그 너머에 있는 것으로 생각한다. 모든 것은 보편적 의식(Consciousness) 안에 존재한다.

지배적 감정, 두려움의 사용법

 인간이 가진 기본적인 감정이 두려움이다. 그것을 바탕으로 파생된 이름 중 두려움이 과거 시점에 있을 때, 우리는 후회하고 분노한다. 두려움이 미래를 향할 때 불안하고 걱정한다. 그러나 우리가 지금 여기 호흡에 집중할 때 두려움은 누그러진다.

 나는 몇 년 전까지만 해도 두려움에 눌려서 그것에 벗어나려고 무던히도 발버둥 치면서 살았다. 그러면 그럴수록 그 두려움에 대한 나의 두려움은 더 커졌다. 그렇게 두려운 상태에 계속 노출되어 있으면 이성적인 판단이 흐려지고 서바이벌 모드로 버티다 보면 일상생활에 금세 지치게 된다. 그런 상태에서는 '나'다운 선택을 하지 못하게 된다. 나의 경우 악수를 두기도 했고, 악화한 상황에 매몰돼 에너지가 바닥나 자신을 엉망진창인 상태에 방치한 적도 있었다. 그럴 때는 두려움을 없애려고 하기보다는 그것을 역으로 이용해야 한다.

좌절과 실패로 인한 분노를 투쟁심으로 승화하는 사람은 강력한 힘을 가지고 있다. 지고 싶지 않다는 고집과 실패한 자신에 대한 분노 그리고 상처 입은 자존심, 이런 것들이 투쟁적인 에너지로 바뀌면 짧은 시간에 동기부여를 엄청나게 확 끌어올릴 수 있다. 밑바닥까지 내려간 경험이 있다면 분노의 에너지가 장착되어 있을 것이다.

하지만 사람들은 흔히 감사와 투쟁심을 서로 정반대의 것으로 생각한다. 투쟁심과는 완전히 반대 방향인 감사하는 마음이 어째서 투쟁심을 높이고 동기부여를 강화하는 것일까? 감사의 에너지는 가장 강력한 심리적 에너지이고 꾸준히 그 에너지를 지속할 수 있다. 감사하는 마음이 생기면 사람은 더는 자기 혼자만을 위해 싸우지 않는다. 오히려 상황이 어려우면 어려울수록 뜨겁게 불타올라 엄청난 힘을 발휘한다. 타인과 환경에 감사하는 마음은 자신을 더욱 강하게 만들기에 성공할 수밖에 없다.

운이란 우연의 산물이 아니라 우리의 사고나 감정과 깊은 연관을 맺고 있다. 하지만 사고, 감정, 삶의 방식은 쉽게 바꿀 수 있는 것이 아니다. 당신의 생각과 말 그리고 행동이 습관이 돼 버려서 운명이 되기 때문이다. 따라서 운이 없는 사람은 언제까지나 운이 없을뿐더러 점점 운으로부터 멀어진다. 그래서 매 순간 자문해야 한다. 지금 이대로의 자신이 괜찮은지? 지금의 삶에 불만은 없는지?

이대로 살아가기는 싫다는 결론을 내리면 당신의 뇌는 재빨리 그렇다면 어떻게 하면 좋을까를 생각하기 시작한다. 배운 것을 실행하는 사람이 기회와 행운을 획득할 확률이 높다는 것을 짐작할 수 있을 것이다. 결핍의 패턴에 익숙한 사람들은 돈이 들어오면 그 돈을 다 쓰는 경향이 있다. 돈을 많이 벌어들이는 방법을 배우기 전에 돈을 잘 쓰는 습관을 만드는 게 먼저다. 세상이 당신에게 돈을 끌어다 줬으니 책임 의식을 갖고 돈을 써야 한다. 돈 관리를 하지 못하는 사람에게는 돈이 오래 머물지는 않을 것이다.

돈을 사랑한다면 돈에 관한 공부를 해야 한다. 부끄럽지만 나는 최근에 돈 공부를 하기 시작했다. 결핍이 반복되는 삶에 지쳐 자포자기한 내 모습이 너무 싫어서 지푸라기 잡는 심경으로 마음공부를 시작했었을 때, 내가 돈을 사랑하는 것이 아니라 두려워하고 있었다는 것을 알게 됐다. 말로만 돈을 좋아한다고 했지, 실상은 풍요를 내 삶에서 밀어내고 있었다. 나에게 그럴 '자격이 없다'라는 무능력한 자아상이 뿌리 깊게 자리 잡고 있었던 거다. 아이러니하게도 내가 결핍된 상에 몰입되어 있지 않았다면, 내 마음을 들여다볼 생각을 하지 않았을 것이다.

인생이 알아서 배워야 할 과제를 우리 앞에 가지고 오니, 너무 애쓰지 않아도 되는 것 같다.

다시 강조하자면, 모든 물질은 에너지다. 돈도 에너지다. 그러므로 돈은 좋은 것도 나쁜 것도 아니다. 그러나 대부분 과거의 경험에 따라 그리고 소속된 사회에서 보여 준 돈의 이미지에 따라 개개인이 돈의 의미를 규정하게 된다. 지금이 당신의 과거 생각의 패턴에서 벗어나야 할 때라는 걸 자신에게 계속 인식시켜 줘야 한다.

무의식에서 당신의 풍요가 당연하다고 느낀다면 현실 세계에서 물질화로 보일 것이다. 우리가 풍요를 인식하는지 결핍의 풍요를 인식하는지의 차이일 뿐이다. 지금의 현실을 풍요로 인식하지 못하고 결핍으로 계속 인식하는 관념들로 채우면 당신은 결핍의 풍요를 경험할 것이다. 결핍의 고리를 끊어 버리기 위해서는 그것이 작더라도 성공한 경험을 해 봐야 한다. 모든 목표를 작은 단위로 잘라서 실행하기 쉽게 장벽 수위를 낮추는 게 중요하다. 꾸준히 해낼 수 있는 나를 경험하는 게 중요하기 때문이다. 실패는 성공의 어머니가 아니라, 실패의 어머니다.

> No one pours new wine into old wineskins. Otherwise, the new wine will burst the skins, and it will be spilled, and the skins will be ruined. Rather, new wine must be poured into fresh wineskins. [Luke 5:37]

당신이 답이다

 당신의 문제를 해결할 수 있는 사람은 당신뿐이다. 남의 패에 눈독을 들일 필요가 없다. 나에게 주어진 패를 탓할 필요도 전혀 없다. 나와 맞지 않다면, 다른 곳에서 다른 게임을 해도 된다. 내가 가진 패를 갖고 그 플레이를 충분히 즐길 수 있으며 그 게임에 승리할 수도 있다.

 관계 중심적 문화권인 대한민국에서는 대부분의 사람이 자기의 욕망이 무엇인지 모른 채 사회가 제시하는 욕망을 갈구했다. 우리나라는 침략을 많이 받은 나라였기 때문에, 어디에 줄 서는지에 따라 목숨이 왔다 갔다 한 경험을 겪어 봤다. 그래서 남 눈치를 보는 게 아마도 유전적으로 장착되지 않았나 싶다. 그런 시스템이 과거에는 잘 통했을 수도 있지만 이제는 학벌도 출신지도 아닌 자신의 욕망을 좇아가야 당신답게 성공할 수 있을 것이다.

생각은 몸에 반드시 영향을 준다. 자신이 행복하고 성공한 모습을 상상하는 게 돈이 들지 않는데 우리가 나를 들여다보는 작업을 하다가 포기하는 이유는 자기를 보호하려는 에고(ego)의 저항 때문이다. 이런 속삭임 말이다. '넌 해 봤자 안 돼.'

과거에 실패했었던 경험이 있나? 실패는 처절하고 비참하다는 걸 나도 잘 안다. 많은 사람은 실패를 통해 배웠다고 말하지만, 사실 실패의 경험이 많아지면 많아질수록 사람은 점점 더 수동적이고 폐쇄적으로 변해가기 쉽다. 자기방어적으로 더 고통받기 싫어서 숨게 되는 것이다. 실패를 극복하라고들 말하지만, 반복되는 실패 속에서 버텨 내기란 어렵다. 그러니 실패는 외면하는 게 상책이다. 그것에 너무 의미 부여하지 않길 바란다. 다 과정일 뿐이다. "No Looking!"

지금 당신이 패배 의식에 찌들어 있을지라도 지금 여기서 할 수 있는 일부터 차근차근 다시 시작하면 된다. 과거의 실패한 경험이 있더라도 다시 일어날 수 있다. 경험을 통해서 배울 수 있는 것만 배우면 그만이다. 당신이 눈치채든 말든 우리 모두 계속 성장하고 있다. 경험을 통해 당신만의 고유한 지혜가 생기는 것이니까 감사하게 받아들이면 된다. 쉬운 일을 당신 스스로 자꾸 꼬면 당신의 인생은 꼬이게 마련이다.

문제는 누구에게나 있다. 문제가 없다면 우리의 영혼이 성장할 수 없기 때문이다. 문제를 해결하면 당신이 성장했다는 것을 느낄 것이다. 문제가 생겼다고 고민하는 게 아니라 내 영혼이 성장하는 절호의 기회라고 생각하면 평정심을 잃지 않고 더 나아가 즐거운 마음으로 그 문제를 해결할 수 있을 것이다. 지금 당신이 밑바닥으로 떨어져 있다면 올라갈 일만 남았으니 조급한 마음이 들어도 당신의 생각에 말릴 필요가 전혀 없다.

신은 이 세계에서 쓸모없는 존재를 만들어 내지 않기에, 나 또한 소중한 존재이며 타인도 소중한 존재이다. 그러므로 당신이 타인의 존재가치를 판단할 권리는 없다. 타인의 행동을 판단할 필요 없이 나부터 먼저 변하면 된다. 신이 하는 일은 완벽하다. 우리가 그것을 이해하지 못한다고 하더라도 거기에는 기필코 한 치의 오차도 없으니, 자기 판단으로 자꾸 신의 영역을 침범하지 말자.

"모든 물질에는 고유의 진동수가 있다."[20] 사람만이 진동수를 바꿀 수 있다니, 정말 우리에겐 다행이고 기쁜 소식이다. 그래서 사회적 가치가 있는 사람이 되면 그때부터 모든 일이 잘 풀리게 된다. 그러니 너무 조급해할 필요가 없다.

필요한 재료는 우리 안에 다 있다. 나에게 없는 것은 지금 필요 없는 것이니, 그것에 대해 집착할 필요 없이 주어진 것을 잘 활용하면 된다.

나 또한 완벽하게 살지 못했다. 새로운 환경에 적응하고 새로운 것을 배워야 할 때가 종종 있었기에, 타인이 너그럽게 대해 줬을 때 일을 잘 수행할 수 있었다. 그래서 나도 다른 사람을 쉽게 평가하지 않으려고 한다. 우리는 한심하거나 쓸모없는 미물이 아니라 모두 창조할 수 있는 존재라는 것을 다시 한번 강조하고 싶다.

자신의 이야기를 새로 써야 할 때다. 몸이라는 형체에 갇혀서 그것도 좁은 시야 반경에서 본 정보를 받아들이고 온갖 제한 신념으로 자신을 한계 짓는 우리지만 이제는 깨어나야 한다. 우리의 근원 의식은 한계가 없다. 시간과 공간이 없는 그곳에 자유의지가 있고 그것은 항상 우리와 함께하고 있다.

The universe is not made up of things, but of vibratory energy networks that emerge from something even deeper and more subtle. [Werner Karl Heisenberg]

제5장

지금 여기에 그리고 나

You are not waiting for your reality.
Your reality is waiting for you.

"Mind is Mental"

우리가 살고 있는 세상은 물질의 세상처럼 보이지만 사실 마음의 세상이다. 세상이 내 마음속 이미지라면, 내가 보는 이 세상은 내 마음속 공간일 뿐이다. 그렇기에 보이는 것을 믿는 것이 아니라, 우리는 우리가 믿는 것을 볼 뿐이다. 앞에서 언급했듯, 우리의 생각이 현실을 만들고, 마음이 세상을 만든다. 내 눈이 내 마음속 세상을 관찰하고 있으며, 내면의 투영이 현실 인식을 만드는 것이다. 그래서 개개인이 우주다. 이 우주에서 우리가 볼 수 있는 것은 5%뿐이다. 그렇기에, 오히려 우리가 경계해야 할 고정관념은 세상이 오직 보이는 물질세계라는 것이다.

상상에서 현실로, 현실화시키기

　우리는 육체적 존재 이상인 영성을 가진 존재인데(영성이 특정 종교를 가진 이들의 소유물은 아니다.) 물질적 세계에 아등바등 살다 보니 이것을 잊고 살고 있다. 예수께서 무지가 죄의 원인이라고 제자들에게 가르치셨다. 그는 사죄함을 받기 위해서는, 인간은 죄를 용서하고 모든 불화와 부조화를 치유할 수 있는 능력을 갖추고 있다는 사실을 깨달아야만 한다고 했다. 예수께서는 '진리를 알지니 진리가 너희를 자유롭게 하리라.'라고 말씀하셨다. 우리가 무엇인가에 대한 진리를 깨닫게 되면 이때까지의 무지에서 해방된다. 우리의 신성은 밖에서가 아니라 내면에 깃들여 있다. 그것을 당신이 깨달았을 때 비로소 모든 제약 속에서 움직이는 존재라

는 생각에서 벗어날 수 있다.[21]

우리는 생각을 경험하고 있다. 마음공부를 하는 사람들이라면 이 단어 현시, 발현(manifestation)을 많이 접했을 것이다. 이것은 새로운 테크닉이 전혀 아니다. 여태까지 우리가 살아온 삶도 반복된 생각이 에너지를 띠게 되어서 물질로 바뀌게 된 것이다. 다만 과거에는 우리가 상상하는 것을 현실에 끌어올 수 있다는 것으로 인지하지 못하고 무의식적으로 행동했었을 뿐이다.

계속 생각하는 것이 신념이 되고, 강렬하게 느끼는 감정 그리고 행하는 행동들에 상호작용을 하면서 겪는 경험들이 내 삶을 이끌어간다. 그러므로 풍요와 사랑을 누려야 할 권리, 그리고 자신만의 독특한 개성을 지킬 권리가 있다는 생각이 신념으로 자리 잡혀 있어야 한다. 먼저 원하는 것에 집중하면서 상상(visualizing)해야 한다. 그리고 원하는 것에 아주 강렬하게 흥분(excited)돼야 한다. 그러고 나서 자신이 욕망하는 것이 이루어진다는 것을 믿어야 한다(believing). 그리고 그렇게 될 것이라는 걸 받아들여야 한다(acceptance). 그리고 그것이 이루어졌다는 것을 알아채야 한다(knowing). 그러면 당신은 자연스럽게 그걸 만들어

내기 위해 행동하게 될 것이다. 그러나 마지막으로 욕망하는 것이 이루어지지 않으면 어쩌나 하는 걱정과 저항을 흘려보내야 한다(releasing).

경험을 통한 앎

 나 같은 경우, 살아오면서 경험한 결핍이라는 관념과 이미지에 둘러싸인 채로 무의식에서 올라온 부정적인 생각에 쉽게 사로잡혀 있었고 그쪽으로 에너지를 쓰니깐 그것이 관성의 힘을 받아 엄청난 이야기의 힘을 갖게 되었다. 어느 날 보니까, 결핍이라는 정체성이 내 삶의 중심에 떡하고 자리 잡고 있었다. 이제야 고백하자면, 나는 내가 원하는 세상을 만들 수 있다는 것을 끊임없이 의심했었다. 과거의 나는 무의식적으로 올라오는 의심을 무시하지 못했다. 그 당시 "의심"은 신뢰의 부재가 아니라 선택사항의 하나라는 걸 알지 못했다.
 어렸을 때 몇 년을 기도했을 때, 나는 신에게 간청하기만 했다. 그것이 기도라고 생각했다. 예수께서 말씀하셨다. "Ask and you shall receive."[22] 여기서 내가 간과한 것이 있었다. 청한 것을 지금 받았다고 상상하지 못했고 받은 상황을 만끽하지도 못했다. 노예근성에 사로잡혀서 상상한 것을 현실 세계에 창조하는 것은 신의 영역이지 나의 역할이 아니라는 제한 신념이 있었던 것 같다. 그리고 나는 내가 누구인지/무엇인지 알지 못했기 때문에 꿈꾸는 것들을 현실 세계에 창조할 수 있는 힘이 있다고 진심으로 믿지 못했다. 무엇보다 나는 내 멋대로 신을 해석하고 모든 책임을 신에게 전가했고 수없이 원망했고 무능한 신으로 폄하하기까지 했다.

신이 나를 통해 경험해 보고 싶어 하는 것인데 내가 해야 할 몫까지 오히려 신에게 떠넘겼다. 신이 날 저버린 게 아니라 내가 간청하는 과정에서 결핍의 상황을 계속 상상하면서 그것을 현실 세계에 계속 체험하게끔 주문했다. 또한 세상의 소음 속에 무엇이 내 영혼의 소리인지 잘 구분하지 못했다. 누구의 열망이 아닌 당신의 열망이어야 한다. 그동안 나는 해답을 찾으러 엉뚱한 곳에 가기도 했고 길을 잃고 헤매기도 했다. 그렇게 경험하는 동안, 이렇게 끊임없이 '나'

를 알고자 하는 자는 누구인지 궁금했고 그 답을 얻기 위해 이런저런 경험이 필요했던 것임을 알게 됐다. 그 겹겹이 쌓여 있는 '나'를 볼 수 있었기에 살아오면서 겪어야 할 시련들과 경험들에 대해 후회는 없다. 경험만이 당신의 세계에 도달할 수 있게 해 준다. 그러니깐 과정이 중요하다고 하는 게 그냥 하는 말이 아니다. 우리는 경험해야 한다. 그곳에 답이 있다. 그것이 삶이다.

나는 나를 볼 수 없기에, 타인을 통해서 즉 대상을 통해서 그리고 경험을 통해서 드러난다. 이제 당신은 의식, 이미지, 사고 등 보이지 않는 것이 누군가에게 관측되면 물질화되고 현실화된다는 것을 알게 됐을 것이다. 나의 사례처럼, 당신이 세상을 두려움의 존재로만 보면, 세상은 당신에게 친절하게 그것을 경험할 과제들을 보낼 것이다. 그러나 당신이 세상을 풍요롭다고 인식하고 느끼면, 세상은 당신에게 풍요를 느낄 수 있는 상황들을 선물할 것이다.

사실, 우리는 과거의 것만을 인식할 수 있기에 인식된 모든 것은 이미 현재 완료된 상태다. 지금, 이 순간을 만들어 내는 것은 '결과' 혹은 '미래'다.[23] 그러므로 당신이 상상할 수 있다는 것은 기억해 낸 것이라고 볼 수 있다. 그러니 쪼그라진 '자아상'에서 벗어나 좀 더 자유롭게 상상하고 현실에 그것들을 만들어 내길 바란다. 엄밀히 말하면, 당신이 원하는 것을 창조할 수 있는 것이 아니라 당신의 것이 드러나지는 것이다.

> Life does not care whether you call yourself rich or poor; strong or weak. It will eternally reward you with that which you claim as true of yourself. [『At Your Command』, Neville Goddard]

풍요 속의 나

내가 의도했든 아니든 상관없이, 나는 가난을 경험하면서 결핍의 태도를 청소년기에 습득했다. 유학을 결심한 이유는 다른 판에서 시작하고 싶었다. 그때까지만 해도 아메리칸드림, 미국이 기회의 나라라는 인식이 확고하게 자리 잡고 있었다. 내 상황에서 어떻게 벗어날 수 있을지를 몰라서 일단 물리적으로 이동해야겠다고 생각했던 것 같다. 결핍의 상이 무의식적으로 얼마나 뿌리 깊게 자리 잡고 있었는지 미국에 와서도 가난에 허덕이고 있었다. 그 당시에는 마음공부를 하지 않았기에 나의 무의식이 현실에 투영됐다는 걸 알지 못했다.

최근에서야 돈만이 풍요를 말하지 않는다는 걸 온몸으로

체험했다. 머릿속에서만 있었던 정보들이 내 마음에 내려와 닿았다는 느낌을 받았다. 기차를 기다리던 어느 가을 일요일 아침에, 단풍을 보면서 이것이 풍요가 아니면 무엇이 풍요일까 싶었다. 그 색상과 명도는 어떤 예술품보다 아름답고 경이로워서 순간 울컥하기까지 했다. (안타깝게도, 내가 보고 느낀 단풍잎의 노란색의 명도는 너무나 주관적인 경험이기에, 당신에게 설명해 줄 수가 없다.*) 내가 본 그 나무의 생명력에 감사하게 되고 그런 풍경을 볼 수 있는 그 순간에 감사하고 그걸 알아본 나에게까지 감격하게 됐다.

신이 우리에게 준 이 자연의 풍요가 루브르 박물관에서 본 그림보다 더 가치가 없다고 말할 수 있을까? 이런 값진 것들을 선물 받은 우리가 돈을 끌어들이지 못한다는 게 말이 된다고 생각하는가? 나는 그제야 풍요를 만끽하는 것이 나의 권리이고 그럴만한 충분한 자격이 있다는 말을 마음으로 받아들일 수 있었다.

인간은 정말 무한하고 무조건적인 사랑을 받고 있고 그래왔다는 걸 알게 되니깐, 평온하면서 내 안에서 자신감이 솟구쳤다. 이런 자신감은 자존감에서 비롯된 것이라 사라지지 않고 들떠 있지 않으며 안정감이 있다. 우리의 뒷배가 누군지 받아들이고 자신을 믿으면 우리가 상상하는 모든 걸 창조할 수 있다. 아주 어렸을 때를 기억해 보면, 우리는 커가면서 창작의 어려움을 세뇌당했다는 걸 알 수 있다. 우리 모두 각자의 고유 능력을 분명 가지고 있다.

우리 모두 이 세상에 자신이 상상하는 것을 현실이라는 세상에 드러내고 한계 너머에 있는 확장된 자아를 경험하고자 이곳에 왔다. 그런데 많은 사람이 다른 이가 상상하고 욕망하는 것들을 현실화시키는데 자신의 에너지를 쏟아붓고 있다. 그것이 당신의 소명이라고 생각한다면 문제 될 건 없다. 그러나 그렇지 않다면, 끊임없이 내가 누구이고, 내가 진정 원하는 것이 무엇인지, 지금 타인의 욕망을 꿈꾸고 있는지 점검해 봐야 한다.

기억해야 한다. 우리는 남의 눈치를 살피려고 이 세상에 온 게 아니라는 것을!

I and the Father are one. [John 10:30]

NOTE

* Qualia: 감각을 통해 느껴지는 것, 혹은 느낀다는 것 그 자체를 말한다.

존재감을 느끼는 나

앞서 말했듯, 세상은 내 마음의 투영이다. 우리는 각자가 인식하는 세상에 살고 있다. 그래서 경쟁이라는 것도 말이 안 된다. 우리의 고유성은 유일무이하므로 그 가치를 인간이 매길 수 없으니깐 말이다. 사회 시스템이 인적자본을 사용하기 위해서 만든 규칙일 뿐이다. 때로는 그것이 남용되고 있기에 각자가 인생 여정에서 자신의 인생 작품을 만드는 그 과정을 즐길 수 있는 게 중요하다. 그리고 스스로가 만족할 수 있어야 한다. 물론 처음 실행하는 이에게는 쉬운 과정은 아니다. 자신을 믿고 기세가 꺾이지 않고 있으면 당신이 빛날 날은 온다. 나의 경우 나 자신을 믿을 수 없었을 때, 과정을 온전히 즐기지 못했었고, 삶이 고달팠다.

자신의 존귀함을 알게 돼 기뻐하면 고주파로 이동하게 된다. 그곳에 도달한 사람들은 당신의 가치를 알아볼 수 있기에 세상 모든 이들의 평가에 겁먹을 필요는 없다. 나의 존귀함을 알았는데 나와의 관계가 회복되지 못하는 건 말이 되지 않는다. 이 여정에서 가장 중요한 건 나와의 관계를 회복하는 것이다. 다른 말로 하자면, 나와의 대화가 긍정적인데 타인과의 관계가 좋지 않을 수는 없다. 타인과 좋은 관계를 맺는 사람이 세상과의 관계가 비관적일 수도 없다.

그래서 그 옛날부터 현자들이 "너 자신을 알라"고 했다. 이건 주제 파악이나 깜냥을 알라는 뜻이 아니다. 각자의 고귀함을 알 때 타인의 고귀함을 볼 수 있다. 타인의 고귀함은 알아도 자신의 고귀함을 모르는 사람들이 많다. 우리는 연결되어 있기 때문에 우리가 누구인지 알면, 타인의 고귀함을 모를 수는 없다.

타인의 존재를 그 모습대로 인정할 수 있다는 건 나에게는 혁명적인 사건이었다. 과거의 나는 어떤 이들의 무례함과 무질서함을 싫어했다. '세상은 내 생각을 반영한다'라고 하지 않나, 그때 내 안의 분노가 그걸 경험하도록 해 준 것뿐이다. 교육에 또는 내가 속한 사회 속의 문화에 적응된 내 생각이 내 머릿속에 박혀서 "뭣이 중한지"를 제대로 알지 못했다. 이제는 어디에 초점을 맞추고 있어야 하는지를 알기에 조금 가볍게 살 수 있다. 나에게 관대해져서 타인에게도 관대해질 수 있고, 실수와 실례를 좀 가볍게 넘어갈 수 있다. 너그럽게 '그럴 수도 있지'라고 말이다. 당신도 너무 무겁게 살 필요는 없다.

행복은 만족에 있지, 충족에 있지 않다. 충족은 집착을 불러일으킬 수 있다. 에고는 하나의 목표를 달성하면 또 다른 목표에 도달하고 싶게 한다. 우리는 그것에 따른 보상이 '행복'이라는 이미지에 속아서 '지금' 느낄 수 있는 행복감을 미래에 저당 잡혀서 살아간다. 인생에는 아무 의미가 없는데 말이다. 인생을 살아가는 당신이 의미를 부여할 뿐이고 그 삶 자체가 의미이며 그 가치는 경험 속에 있다. 우리는 필요한 재료를 선물로 다 받았다. 그걸 볼 수 있는지의 안목을 기르는 것은 우리의 몫이다.

> 자신이 가지고 있다는 것을 사실로 받아들이고, 그것이 현실의 느낌을 가질 때까지 사실로 받아들이는 것을 계속해야 한다.
> [Neville Goddard]

당신 것을 찾아라

 세상이 좋아진 덕분에 세계 곳곳에서 빛을 내는 사람들의 이야기를 집에서 편안하게 영상을 통해 접할 수 있다. 그것은 우리의 인식을 확장하는 큰 역할을 하고 있다. 물론, 양질의 정보를 판단하는 건 각자의 능력이지만, 인터넷 덕분에 대학 교육이 아니더라도 배우고 싶다면 얼마든지 배울 기회는 우리에게 주어졌다.

 가장 중요한 것은, 당신의 가장 깊은 가슴속에서 진정한 소망을 찾아내고, 갖기로 하고 행동으로 옮기는 것이다. 의도는 소망을 목표로 바꿔 놓는다. 의도가 없는 소망은 절대 이루어지지 않는다.

 먼저, 당신이 삶에서 실제로 원하는 것이 무엇인지를 스스로 분명하게 인식해야 한다. 그에 따른 목표는 다음 질문에 답을 주는 것이어야 한다. 당신은 이 삶에서 무엇을 얻고자 하는가? 무엇이 당신의 삶을 즐겁고 행복한 삶으로 만들어 줄까? 이것만이 중요하다. 내가 그랬던 것처럼, 어떤 이에게는 자신의 것을 찾는 게 어렵게 느껴질 수 있다. 여기서 이성적 판단보다 직관이 더 정확하게 당신의 마음을 엿볼 수 있을 것이다. 영혼의 기분 상태를 통해서 당신이 목표를 정하고 결정을 내린 후에 점검해 볼 수 있다. 당신이 목표를 성취했고, 당신이 되고 싶었던 사람이 됐다면 어떨 것 같은지 상상해 보라. 그런 다음에는 영혼의 상태에 주의를 가만히 기울여야 한다. 기분이 좋은가? 나쁜가? 또 다른 방법으로는 당신이 소망하는 '미래의 나'의 모습을 상상해서 '지금의 내'가 있는 곳으로 데려오는 것이 그려지고 그 과정이 당신을 기분 좋게 한다면, 그 목표는 당신의 것이다.

당신이 여태 이루고 싶었던 것들을 현실에서 창조하지 못했다면, 초반부터 단번에 거대한 목표를 이루어야겠다는 생각에서 벗어날 필요가 있다. 당신이 생각하는 현재 셀프(current self)와 미래 셀프(future self)의 간극이 너무 크면 쉽게 포기할 수 있기에, 당신이 조금이라도 더 즐길 수 있고 해방감을 느끼는 것을 선택하면 된다. 원하는 것을 갖기로 하는 과정에서 자신이 가치 없는 존재라고 생각하는 것을 삼가야 한다. 당신이 용기를 내야 한다. 우리 모두 최고의 것을 누릴 자격이 있다. 그 어떤 경우에도 서둘러서 불편한 마음으로 최종적인 결정을 내리는 것은 지양해야 한다.

If you are doubting yourself, you are doubting God.

사랑 자리

 과거의 나는 사랑에 대해 잘 알지 못했다. 사랑의 힘과 가치를 알지 못했다는 게 더 맞는 표현일 것 같다. 아버지의 사업이 실패한 후, 우리 가족의 화목이 다 깨져 버렸다고 생각했기에, 아버지가 우리에게 상처를 줬다고 생각했다. 아버지가 다시 재기하지 못했고, 가장으로서 책임을 다하지 않았다는 것에 대한 원망이 있었다. 그래서 학창 시절에는 신을 원망하고 아버지를 원망하고 나를 원망하는 그런 사이클에서 크게 벗어나지 못했었다. 의식이 성장하는 것 같으면서도 다시 뒷걸음쳐 과거의 어린 시절의 아팠던 그 시점으로 회귀하곤 했다. 거기에 해결해야 할 게 분명 있었다.

 성북동 우리 집을 떠난 후, 내가 나의 아버지를 한 존재로서 사랑했든가 자문해 보면, 나는 모르겠다는 답밖에 떠오르지 않았다. 그냥 회피하고 싶었다. 성장하면서 세상일을 좀 겪고 나서야, 아버지의 삶이 어느 정도 이해가 됐다. 엄밀히 말하자면, 이해가 됐다 정도지, 내가 나를 용서하기 전에는 그를 외면하고 부정하고 싶었다.

사랑을 하고 사랑에 대한 아픔을 겪고 나면 그제야 사랑을 그리고 삶을 좀 이해할 수 있는 것 같다. 삶의 의미는 성공에 있는 것이 아니다. 삶 그 자체, 살아가고 경험하는 모든 것들이 의미다. 당신이 자신의 힘을 알게 될 때 당신은 느낄 수 있을 것이다. 나의 아버지가 사회적으로 성공했을 때만 내 아버지로서 자격이 주어지는 것이 아니듯 말이다. 경험하고 있는 그 존재 자체가 의미이고 가치다.

그러고 보니, 오랫동안 나의 존재 자체를 온전히 사랑해 본 적도 없었다. 나는 육체적 물질적인 개념 틀 안에 존재의 이미지를 집어넣고 그것에 따른 인과관계를 성립시키고 평가하면서 살아왔다. 우리는 육체적인 존재 이상이며 사랑은 항상 거기에 머물러 있었다. 이 말이 만져질 수 있을 때, 당신은 세상에서 그에 관한 증표들을 볼 수 있을 것이다. 더 나아가 당신이 그 증거가 될 것이다.

초인적인 힘을 발휘하기 위해

Our deepest fear is not that we are inadequate. Our deepest fear is that we are powerful beyond measure. It is our light, not our darkness that most frightens us. We ask ourselves, "Who am I to be brilliant, gorgeous, talented, fabulous?" Actually, who are you not to be? You are a child of God…. [『A Return to Love』, Marianne Williamson]

마음공부를 하더라도 마음이 흔들리고 감정적 고통이 있을 때가 있다. 그러나 확연히 변화된 건, 나는 그 감정에서 예전보다 빨리 나와 평정심을 찾을 수 있다는 것이다.

나는 단순한 루틴에 따라 살아가고 있다.

아침을 시작하기 전에 눈을 감고 모든 신체 기관을 이완하는 작업을 한다. 그리고 어떤 감정이 올라오면 올라오는 대로 지켜보는 작업을 하고 나면 나중에 어떤 사건이나 시련을 겪더라도 감정에 떡이 되지는 않는다. 명상하는 동안 불안한 마음의 자리는 비워지고, 새로운 감정으로 채워진다. 명상을 꾸준히 하다 보면 생각은 내가 아니고 감정도 내가 아니라는 가르침이 마음에 꽂히게 될 것이다. 사실, 명상을 하는 동안 인위적으로 생각을 멈추는 게 아니고 그냥 바라보면 된다. 숨에 집중하다 보면 잡다한 생각들에 끌려 달리지 않게 된다. 생각은 왔다가 갔다가 다시 나타났다가 과거로 사라진다. 그러니 명상하는 동안 '생각을 하지 말아야지'라는 다짐보다 호흡에 집중하는 게 효과적이다. 명상을 꾸준히 하다 보면 일상이 명상이 될 수 있다.

──── 자기 참조

자기 참조 과정 훈련이란 나 자신을 바라보는 능력을 키우는 것이다.[24] 알아차림 명상은 지금, 이 순간의 경험을 알아차리되 좋다 나쁘다 하는 판단을 멈추는 것이다. 나의 경험을 나의 관점에서만 관찰하는 것이 아니라 다른 사람의 관점에서도 바라보는 것이다.

내가 나를 알아차리기 위해서는 mPFC(내측전전두피질)를 중심으로 한 신경망이 활성화되어야 한다. 그러기 위해서는 두려움, 걱정, 분노 등의 부정적 정서를 가라앉혀야 한다.[25]

─── 퀀텀 점프(Quantum Jump) 명상

명상을 할 때 상황에 따라오는 느낌을 먼저 느끼면 그에 따른 상황을 끌어올 수 있다. 상상해 보자. 당신의 통장에 숫자로 100억이 찍혀 있는데, 당신이 그것을 사용할 수 없다면, 당신에게 그 돈은 아무 의미가 없을 거다. 부자가 되고 싶은 이유는 부자가 됐을 때 누릴 수 있는 자유로움이나 여유로움을 느끼고 싶어서일 거다. 그러므로 느끼는 작업이 중요하다.

당신의 신체, 두뇌, 마음이 당신이 도달하고자 하는 미래 상황을 미리 경험할 수 있게 하는 작업이다. 이 명상은 내가 되고자 하는 미래상과 미래의 상황으로 이동하는 것이다. 자기가 이루고자 또는 되고자 하는 모습을 상상하면서 생생하게 그 상황을 느끼면서 기억하게 되는 것이다. 미래의 내가 되고자 하는 자아상을 경험했기에, 그것을 상상하면 기분이 좋아지기 마련이다. 미래 셀프의 모습을 느끼고 그 자아상으로 현재를 살아가면 상황도 그것에 맞게 변화하게 된다. 나의 경우 이루고자 하는 목표를 단기간에 이루어야 할 때, 이 명상이 도움이 됐다.

───── 운동

뇌를 긍정적으로 변화시키기 위한 최소 조건은 일주일에 세 번씩 30분 이상, 최대 심박수의 60~80 정도의 세기로 8주 이상 운동하는 것이다.[26] 꾸준히 운동하게 되면 더 긍정적인 사람이 되며, 인간관계도 개선되고, 더 행복하고 성공적인 삶을 살게 되리라는 확신을 갖게 될 것이다. 운동은 집중력과 침착성은 높이고 충동성은 낮춰 우울증 치료제를 복용하는 것과 비슷한 효과가 있다.[27] 나의 경우 앉아서 하는 명상에 집중이 잘 안되는 날에는 가볍게 달리면서 명상했을 때 에너지가 채워지는 느낌이 들었다.

그런데 우울증에 걸리면 무거운 몸을 이끌고 밖에 나가서 운동한다는 게 굉장히 어렵다. 우울하고 무기력할 때는 1분 만이라도 집에서 걷기부터 시작해 보자. 그것도 하기 힘들면 발꿈치를 두드리든지 아니면 팔굽혀 펴기 하루에 딱

1개나 스쾃 1개를 해 보는 것으로 몸에게 준비 신호를 보내 보자. 당분간은 1개 이상 더 하면 안 된다. 하루에 딱 1개만 하기로 마음먹으면 시작할 수 있기 때문이다. 100일이 되기 전에, 당신은 밖에 나가서 좀 더 오래 운동을 하고 싶다는 생각이 들 것이다.

기억하자. 너무 낮게 날다간 닭처럼 살 수 있다.

Life won't stop for your pauses and procrastination. It won't stop for your confusion or fear. It will continue right along without you. [Gary J. Bishop]

용서는 용기와 함께

나는 용서하는 작업을 통해 자기혐오를 멈추고 지금 있는 그대로의 나를 받아들이고 사랑할 수 있게 됐다. 용서하기는 무엇인가를 앞으로 주는 것이라고 한다(forgiving: 용서하기, giving: 주는, forward: 앞으로). 내가 나를 용서한다는 것은 나 자신을 앞으로 내어 주어 늘 지금 여기에 현존할 수 있게 하는 것이다.[28] — 앞을 보고 내어 주는 것이 용서라니! 정말 무릎을 칠 정도의 적절한 표현이다.

나를 용서하기가 가장 어려웠기에, 오랜 시간이 걸렸다. 용서가 어려운 게 어쩌면 우리가 용서라는 개념을 잘못 인식하고 있어서 그럴 수도 있다. 용서의 핵심은 그저 '다 괜찮아'라고 말하는 것이 아니라, 그보다는 항상 지금 여기에 나 자신을 던져 넣는 것이기에 굉장히 적극적인 행동이 필요하다. 지속적으로 분노를 지니고 사는 것은 불을 가슴속에 품고 사는 것이어서 내 속을 태우고 자신의 삶을 황폐하게 만든다. 두려움이 해결되지 않을 때 좌절감과 함께 분노와 공격적 행동이 나타나게 된다. 최고의 방어가 선제공격이라고 하지 않나.

용서는 강한 사람만이 할 수 있는 용기 있는 행동이며,[29] 나를 얽매는 모든 것을 놓아버리고 자유롭게 현존할 수 있게 하는 것이 용서다. 내가 그토록 찾아 헤매던 자유로움 그 해방감을 용서하는 과정에서 경험할 수 있었다. 어느 날 나는 나를 용서하기로 결단 내렸다. 내가 저지른 잘못과 어리석은 행동들 무지함에 대해 스스로 비난하고 자책하고 죄책감을 느끼며 괴로워하는 패턴에서 벗어나기로 했다. 과거의 나는 조그만한 잘못에 대해서도 크게 반응했다. 내가 잘못한 일도 아닌데도 나를 엄격한 잣대를 들이대고 책망했다. 나를 용서하니까, 나에게 조금 관대해지고 있다. 그런 뒤로는 타인에게 좀 더 관대해질 수 있게 됐고, 용서를 구할 일이 있으면 진심으로 사과할 수 있게 됐다. 또한 사과를 받아주고 마는 것은 당사자의 몫이자 권리이기에 재촉하거나 강요하지 않고 그대로 받아들일 수 있다.

NOTE

물리학의 세계에서는 작용반작용의 법칙이 적용된다. 작용반작용의 법칙이란 물체에 힘을 가하면 그와 같은 힘이 반대 방향으로 작용한다는 운동의 제3 법칙이다.[30] 그러므로 상대에게 상처를 주는 일은 나에게 상처를 주는 일과 같다. 반대로 상대에게 기쁨을 주면, 나에게 기쁨이 돌아온다. 그러므로 인생에서 성공하려면 얼마나 주는지도 중요하다.

당연한 건 없다

　미국에서는 "감사합니다."라는 말을 입에 달고 사는데, 한국에서는 "미안합니다."나 "죄송합니다."라는 말을 더 많이 사용하는 것 같다. 나는 처음에는 미국인들이 그렇게 감사해야 할 것 같지 않은 것에도 "감사합니다."라는 말을 자주 사용한다고 생각했었다. 어쩌면 내가 물질적인 것에만 반응하는 데 익숙해져서 그렇게 판단했을 수도 있다. 그에 반해 나는 한국에서는 그냥 실례하는 정도도 "미안합니다." "죄송합니다." 말을 사용했던 것 같다. 한국이 겸손의 문화를 가지고 있어서 그런 걸까? 아니면 상대적으로 실수를 포용하지 못하는 사회적 문화가 있어서 그런 것일까?

　말에는 정말 강력한 힘이 있고 우리 일상에 실질적으로

영향을 주고 있어서 우리가 사용하는 말을 보면 우리 사회의 단면을 볼 수 있다. 감사하다는 말은 그 자체로 '상하'가 없는 수평적 언어로, 말하는 이와 상대가 동등한 위치에 있을 수 있어서 주체적이며 힘이 있다. 그러나 '미안합니다/죄송합니다'의 경우 말하는 자가 상황상 아래에 있게 된다. 한국에서는 도의적으로 미안하다고 말하는 경우가 많지만, 미국에서는 실질적인 책임을 꺼리는 경향이 있어서 미안하다는 말을 아끼는 것 같다. 그래서 역으로 강자가 약자에게 미안하다고 말할 때, 그 상황이나 분위기를 바꿀 수 있는 강력한 힘을 발휘할 수 있다.

> 오늘 누군가가 나무 그늘에 앉아 쉴 수 있는 이유는 오래전에 누군가가 나무를 심었기 때문이다. [Warren Buffett]

시력보다 중요한 건 안목

 너도나도 할 것 없이 물질만능주의에 빠져서 뭣이 정말 소중한지 간과하고 있는 것은 아닐까? 얼마 전에 친구랑 같이 골동품점에 갔었다. 나는 그곳에 들어간 순간 무슨 구닥다리 물건들과 쓰레기 처분해야 할 물건들을 모아놓았나 싶었는데 볼 줄 아는 사람들은 서서 값신 물건들을 찾아내느라 분주했다. 뭘 볼 줄 알아야 감상도 하고 감사할 수 있다.
 나는 이제 돈의 집착에서 벗어나 세상의 풍요를 느끼고 경험할 수 있다. 지금 주위를 둘러보자. 마음만 먹으면 당장이라도 풍요의 바이브를 만끽할 수 있다. 일상에서도 얼마든지 풍요를 경험할 수 있기에 당신이 있는 곳에서 그것을 느낄 수 없다면, 당신에게 풍요의 바이브를 주는 장소를 찾아보는 걸 권하고 싶다.

　나는 도시에서 떨어진 외곽에 살고 있다. 처음에 미국에 왔을 때는 여름방학 기간이어서 동네에 사람을 쉽게 볼 수가 없었다. 그래서 창밖을 보면서 주차된 차들을 세워보곤 했다. 그러다가 미친 듯이 뜀박질했다— 나중에 동네 사람들이 나를 보고는 아침에 조깅하는 걸 봤다고 할 정도였다. 그것도 만족스럽지 않아서, 한동안 주말마다 뉴욕에 갔다 오곤 했는데 그곳에서 뭔가를 특별히 했다기보다 한국이 그리워서 비슷한 느낌의 큰 도시로 다녀오고 싶었다. 그곳의 바이브를 한껏 느끼면서 미술관에 들러 그림을 보고 그곳에서 예술가들의 기를 받고 돌아왔다. 내가 그 그림을 소유하지는 않더라도 감상하면서 풍요를 잠시 느낄 수 있었고 그곳에 있는 내가 보기에도 좋았다.

　요즘 난 뉴욕에 가지 않아도 된다. 이제 한적한 시골 생활에 적응이 돼서 오히려 사람들이 많고 시끄러운 곳에서는 기가 빨려서 쉽게 지친다. 그래도 균형을 맞추기 위해서 주말마다 시내에 나가려고 노력한다. 시내에서 장보고 난 후 좋아하는 커피숍에 들러서 그곳의 바이브를 한껏 느끼면서 에너지를 충전한다. 이렇게 균형을 유지하는 게 나의 정신

건강에 좋다는 걸 알게 됐다.

지금이 기적의 순간

"그대가 바라보는 모든 것은, 그것이 외부에 드러난 것처럼 보일지라도 실은 그대의 상상력 안에 존재하고, 이 유한한 세상은 그것의 그림자일 뿐이다. 당신은 모든 것을 이 세상 안에 가져오고 있다. 무언가를 잃어버리더라도 당신은 다시 반복할 수 있다."[31]

오늘 하루도 세상살이에 가슴 벌렁거리는 일이 있었어도 어떻게든 이렇게 살아 낸 걸 보니, 지금 여기에 나와 당신이 살아 있는 것이야말로 기적의 증거이며 역사다. 그래서 나는 당신이 기죽지 않았으면 좋겠다.

지금부터라도 나에게 가장 가까운 존재이자 여생을 함께해야 할 존재인 '자신'과 화해하고 돌보길 바란다. 무엇보다 자신이 무의식적으로 생각하는 자신의 부정적 이미지에서 벗어나야 한다. 부족하게 느껴지는 나도 '아주 괜찮다'라고 선언하면 그만이다. 지금 자신의 모습에 그리고 당신의 소중한 삶에 자부심 느끼면서 살아도 된다. 이만큼 살아 낸 당신은 충분히 자격이 있다.

당신이 누구인지 기억해 내면, 평온하면서 강단 있게 살아갈 수 있다. 어떤 일이든 애정을 가지고 임할 수 있게 된다. 또한 누구에게나 사랑으로 대할 수 있으며, 자연스럽게 행복과 풍요가 드러날 것이다.

이제, 당신이 생각하는 성공과 행복은 무엇인지 다시 생각해 보길 바란다.

하고 싶은 일에 마음 설레면서 행동 속도가 빨라질 때는 자신의 기준으로 살고 있을 때다. 반대로 설레지 않고 솜저럼 행동할 수 없는 상태가 계속되는 것은 자신의 기준이나 마음의 소리에 따르고 있지 않을 때다.[32] 임무와 비전에 따라 살아가는 삶이란 그만둘 수 없는 상태이다. 그러니 자신이 진정으로 원하는 것을 찾길 바란다.

관성의 법칙에 의하면, 멈춰 있는 사람은 앞으로도 계속 멈춰 있게 된다. 움직이는 사람은 계속 움직이려고 한다. 사람은 깊이 이해하면 의식이 바뀌고, 행동이 바뀌어 실천하기 때문에 저절로 결과가 나온다. 그러니 나답게 살고, 나를 살리는 일을 해도 된다. 우리 모두 자신의 한계를 넘을 힘이 있다.

지금에 와서 생각해 보면 시련이 있었기에 성장할 수 있다는 말은 정말 맞는 말이다. 시련을 겪을 당시에는 신을 원망하고 세상을 미워했던 적도 있었다. 경험하는 과정에서, 타인을 통해 '나'를 좀 더 알 수 있었고, 특히 나는 어떤 사람과 잘 맞고 어떤 환경에 능력 발휘를 잘하는지 파악할 수 있었다. 초식동물이 육식동물과 어울릴 수 없듯이, 자신이 어떤 과인지 잘 파악해야 인생이 꼬이지 않는다는 것도 몸소 체득했다.

마음공부를 하고 나서도 내 환경이 금세 180도로 단번에 바뀌지는 않았다. 그러나 계속 경험하면서 내가 확장하고 있다는 것을 이제는 안다. 마음 근력이 생겨서 나는 감정에 떡이 되지 않고 거리를 두고 지켜볼 수 있게 됐고, 상황에 매몰되지 않고 내 목표에 에너지를 계속 보낼 수 있다. 물론 여전히 희로애락을 경험하면서 말이다. 그러나 나는 더 이상 과거에 그랬던 것처럼 얼어붙어서 아무것도 못 하는 사람이 아니다. 내가 그렇게 찾아 헤매던 내 안의 변하지 않은 "자기"가 항상 함께했었고 그럴 것이라는 걸 알기에, 이제는 아침이 두렵지 않고 설렌다.

힘을 좀 빼고 애쓰지 않아도 이 삶은 자연스럽게 흘러가고 있다.

당신이 나의 이야기를 다 읽었다면, 이제 당신의 마음 준비는 끝났다. 그러니 당신의 신화를 만들어 낼 시간이다. 아무것도 하지 않으면 아무것도 일어나지 않는 게 아니라 언젠가는 더 악화하기 마련이다. 이제 당신 안의 신성을 끌어내길 바란다.

하루빨리 당신도 부담감과 죄책감에서 벗어나 생기 있고 다음 날의 아침이 기대되고 설레는 삶을 신명 나게 살 수 있실 바란다.

잊고 있었던 당신을 기억해 내야 한다.
모든 게 사랑이었다는 것도.
이 세상에 마음이 아닌 것은 없다.
일어나야 할 일이라면 일어나기 마련이다.
나에게 필요한 모든 것은 알아서 주어질 것이다.

그러니 미리 걱정거리를 당신의 삶에 끌어들이지 않길 바란다.
그동안 애써 왔던 당신,
그러니 지금 여기서 행복해도 된다.
당신은 충분한 자격이 있다.
이왕이면 우아하고 풍요롭고 멋진 삶을 당신에게 선사하고 싶지 않은가?
자신을 믿고
그냥 하면 된다.
자, 이제 요이땅!

You were born with ideals and dreams. You were born with a gift. You were born with wings. You were not meant to crawl, so don't do it. You have wings, learn to use them and fly. [Jalal al-Din Rumi]

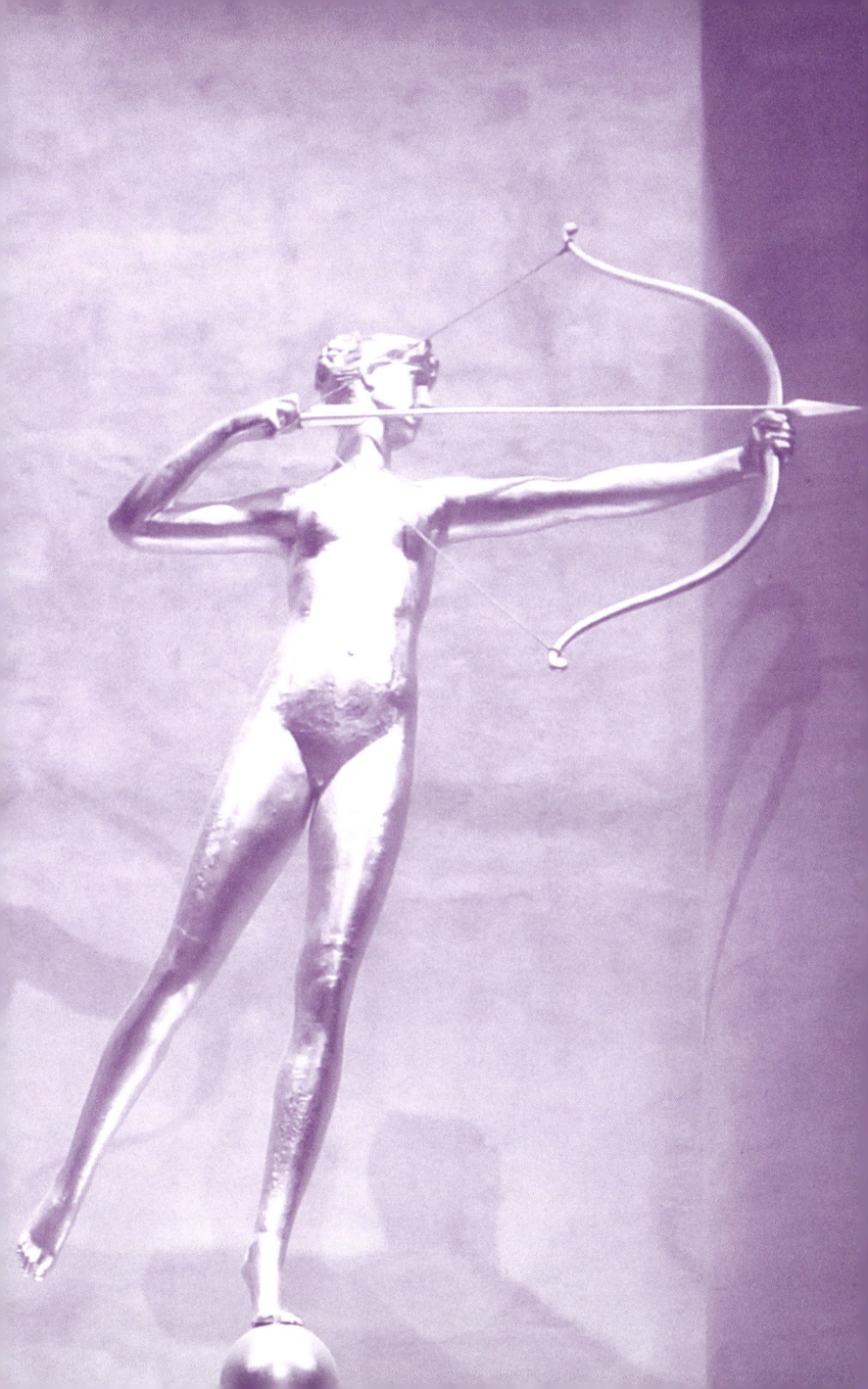

───── 에필로그

　어디에도 비빌 언덕이 없다는 건 사람을 외롭게 만든다. 그래서 책에서 답을 찾으려고 했다. 어쩌면 시간이 오래 걸릴 수 있겠지만 그곳에서 항상 답을 찾을 수 있었다. 책을 읽어야 할 필요가 있는 사람에게 스스로 찾아간다는 말이 있다. 나 또한 어떤 끌림에 의해 만난 책에서 많은 가르침과 영감을 얻었다. 배울 준비가 된 학생에게 스승이 나타나듯이 책이 당신에게 그런 역할을 할 수 있길 바란다.

　나도 세상의 도움을 받아왔기에, 나처럼 흔들리면서도 자기의 길을 찾고 꿈꾸는 이들을 응원하고 위로를 할 수 있는 매개체가 될 수 있기를 바란다. 나는 이미 그렇게 됐다는 것을 선택했다. 당신의 선택만이 남아 있다.

우리에게는 엄청난 도구(tool)가 있다. 당신의 삶을 업그레이드하려면 상상력의 가치를 알고 그것을 사용하고 계속 연습해야 한다. 자기 생각을 잘 관찰하기를 바란다. 생각과 감정은 내가 아니다. 그러나 많은 사람이 자신의 정체성을 그것과 일치시키는 실수를 한다. 부정적 생각에 걸려 넘어지지 않기 위해서는 줌 아웃을 하면서 에너지를 흘려보내야 한다.

생각을 관찰하는 과정에서 내가 과거의 상처 입었던 어린아이와 화해한 것처럼 여러분들도 어두운 곳에서 당신을 기다리고 있던 그 아이를 만나 꼭 안아주면서 못다 한 사랑을 고백할 수 있길 바란다.

그동안 당신이 많이 괴로웠던 건 잘살아 보고 싶은 열망이 있어서 그랬던 것이다. 과거의 이야기노 잘 흘려보내고 이제부터 새로운 이야기를 써야 한다. 새로운 당신의 히스토리 말이다.

상상한 것을 현실화하는 과정에서 몇 가지 기술을 소개했다. 이것도 하나의 방편일 뿐이다. 기억해야 한다. 가장 중요하고 우선시돼야 할 건 당신이 누구인지를, Being이다. Doing은 그다음이다. 자신이 누구인지 기억해 낸다면, 현시화(manifestation) 하는 데 여러 테크닉을 사용하지 않아도 당신이 원하는 세계를 만날 것이다.

이 책을 다 읽은 당신이라면, 나는 한 번뿐인 인생에 뜻을 품은 당신에게 당신이 꿈을 이룰 수 있다는 걸 말해 주고 싶다. 흔들릴지라도 꺾이지 않을 당신을 믿는다. 세상 여파에 자신을 믿고 싶지 않을 때도 나는 당신이 꿈을 실현하는 삶을 포기하지 않을 거라는 걸 안다. 지금, 여기에 온전하게 존재할 나와 당신을 믿는다. 그러니 당신도 자신을 믿어야 한다. 당신 자체가 기적의 결과라는 것을 받아들이길 바란다.

당신은 충분한 준비가 됐다. 이제는 이 게임에서 당신이 승리할 차례다. 더 이상 증표를 찾아 헤매지 말고, 당신이 그 증표가 될 차례다.

당신의 힘은 지금 여기에 있다.

I love myself.
I love you.
Just Be It!

Thank you.

―― 참고문헌

제2장 생각을 경험하는 나

1. 최인철 (2021), 『프레임』, 24쪽, 21세기북스.

    Colin West (2003), 『Percy the Pink』, Walker Books.

2. 다카하시 히로카즈 (1995), 『퀀텀 시크릿』, 181쪽, 학산문화사.

3. 『퀀텀 시크릿』, 183쪽

4. 니시다 후미오 (2008), 『된다 된다 나는 된다』, 205쪽, 흐름출판사.

5. 김주환 (2023), 『내면소통』, 37쪽, 인플루엔셜.

6. 『된다 된다 나는 된다』, 23쪽.

7. 『내면소통』, 140쪽.

    뇌 구조 그림: 존스홉킨스 대학교 출처

    www.hopkinsmedicine.org/health/conditions-and-diseases/anatomy-of-the-brain

8. 『된다 된다 나는 된다』, 241쪽.

9. 김주환 (2019), 『회복 탄력성』, 294쪽, 위즈덤하우스.

제 3장 의미를 부여하는 나

10. 『퀀텀시크릿』, 23쪽.
11. 『퀀텀시크릿』, 2쪽.
12. 『퀀텀시크릿』, 43쪽.
13. Nikola Tesla's l3

    Elmer O. Locker Jr, Fabio Mantegna & Neville (2022) 『You Are the Way: Manifest Your Dream Life with Neville』, 43쪽.
14. 『퀀텀시크릿』, 67쪽.
15. 『회복 탄력성』, 287쪽.
16. 『된다 된다 나는 된다』, 147쪽.

제 4장 이야기하는 나

17. 『내면소통』, 365쪽.
18. 『내면소통』, 165쪽.
19. 『내면소통』, 199쪽.
20. 『퀀텀시크릿』, 88쪽.

제 5장 여기에, 지금 그리고 나

21. 베어드 T. 스폴딩 (2019), 『초인들의 삶의 가르침을 따라서』, 100쪽, 정신세계사.

22. "Ask and you shall receive." (Matthew 7:7)

23. 카밀로 (2019) 『시크릿을 깨닫다』, 11쪽, 정신세계사.

24. 『내면소통』, 559쪽.

25. 『내면소통』, 399쪽.

26. 『회복 탄력성』, 311쪽.

    Perraton, L.G., Kumar, S., & Machotka, Z. (2010), 『Exercise parameters in the treatment of clinical depression: A systematic review of randomized controlled trials』, Journal of Evaluation in Clinical Practice, 16(3), 597-604

27. 『회복 탄력성』, 308쪽. 존 레이터

    Ratey, J. & Hagerman, E. (2013) Spark: The Revolutionary New Science of Exercise and the Brain

28. 『내면소통』, 585쪽. Singh, 2020

29. 『내면소통』, 590쪽. McCullough, 2000

    McCullough, M. E. (2000), 『Forgiveness as Human Strength: Theory, Measurement, and Links to Well-Being』, Journal of Social and Clinical Psychology, 19, 43-55.

30. 『퀀텀 시크릿』, 94쪽.

31. 네빌고다드 (2019), 『Immortal Man I』, 162쪽, 서른세계의 계단.
32. 『퀀텀 시크릿』, 294쪽.

* 『내면소통』 외의 참고문헌은 전자책이므로 종이책 기준 쪽수와 다를 수 있습니다.